たび活×住み活

読むと行きたくなる。
行くと住みたくなる――

かごっまへ
おじゃったもんせ。

鹿児島

たび活・住み活研究家 大沢玲子

旅好きのアラフィフ夫婦が、
独自の視点で「旅行以上移住未満」の
地方の楽しみ方、その地の魅力を
ユルりと紹介いたします。

妻　レイコ

鹿児島・枕崎市生まれだが、転勤・転校が多い生い立ちゆえの根無し草人間。職業・ライター。好物は国内外を巡り、地元の美味いものを食べ、酒を飲み、地元の人に絡むこと。口グセは「地の料理には、地の酒」。特技は目指す酒場の看板を秒速で発見すること。

夫　ヒロシ

海なし県の埼玉・幸手市出身。ダサイタマ世代のコンプレックスをほのかに抱える。職業・税理士。数字と歴史にうるさい、辛口男。酒好きだが、体型を気にし、もっぱらハイボール派一筋。1日1万歩を課す。口グセは「歴史に学ぶ」。川のせせらぎ音が好き。

はじめに――「たび活×住み活」ってナニ？

そもそも、この本の企画の言い出しっぺって、キミだよね。私は素直に旅の本でもいいと思ったんだけどな。

当たり前じゃ面白くないじゃん。それにガイドブックで〝打倒るるぶ〟はムリだろ（笑）。という軽口はさておき、そもそも、これまで全国各地、2人で旅してきたけど、有名な観光スポットって意外に行ってない。気になるのは「ここに暮らしてる人はどんな生活してるのかな？」なんだよね。

確かに街中をあてもなくブラブラしてることも多いね。地元の人から見たら、「あいつら何しに来たんだ」って感じかも。で、不動産屋さんの前を通ると、キミ、「ここの家賃いくらだ？　東京の半分だ！」「おー、ここなら一軒家買えるぞ」とか言ってるし。

それ、ただのイヤミな東京人じゃね（笑）？　まあ、職業病なところもあるけれど「どんな地元企業があるのかな」とか、「こういう商売が流行ってるのか」、「スーパーが駅前にあるから便利だな」「病院が多いな」とか。いつの間にか「ここなら住めるかな」「税理士という仕事もここなら成り立つかな」とか、ちょこっとだけど住む人の目線で見ているんだな。

私は地元のスーパーとか市場を見るのが好きだな。「東京で見かけない調味料がある」とか「魚が新鮮で安い！」とか「並んでる日本酒の種類が多いな」とか。

また酒かよ（笑）。そうそう、今はそれほどうるさくなくなったけど、居酒屋に行くのも、前はかたくなにガイドブックには出ていない、地元の人が集う赤ちょうちんに行きたがったよな。こっちはキレイな店に行きたくても、「ここシブい！」とか言って。

入ってみたら、地元のオヤジに囲まれて、私だけ大はしゃぎ（笑）。キミは超不機嫌で、店の前で大ゲンカしたこともよくあったね。

マジメな話、「絶対に移住するぞ」とか真剣に考えているわけじゃないけど、そうやって住む人の目線をちょっと取り入れて旅すると、新鮮で違った魅力が見えてくる。何より楽しい。そのうちに「ああ、ここ住んでもいいかも」と思ったら、1年のうち数か月だけ住んでみる。住んでみて「東京よりこっちがいい」と思ったら、定住してしまう。そういうユルいやり方もありなんじゃないか。いわば〝観光以上移住未満〟なススメを「たび活×住み活」として、独断と偏見で紹介してしまおう、と（笑）。

私たちぐらいの中高年の夫婦に聞くと、移住フェアとか行きまくっているわけじゃないけど、「今、住んでる東京以外に第2の居場所みたいなのがあったらいいな」っていう声を聞くね。若い人の中にも、定住しなくても、ユルいつながりで地域おこしに関わる人も増えているようだし。ただ行くだけじゃなくて、人間的な繋がりを求めたいという動きは確かにある。今やネットがあればどこでも仕事できるし、自然災害が増えている今、住む場所のリスク分散ともいえるかもしれない。

さすが物書き、もっともらしいこと言うの得意な（笑）。

で、第一弾に鹿児島を選んだのは、一応、私の故郷だから？　といっても、転勤が多くて、今はもう親戚も住んでないから、〝浦島太郎〟状態だったけど……。

いやいや、そもそもは大河ドラマの『西郷どん』ブームに乗っかろうというのが目的だったでしょ（笑）。すっかり年が明けて乗り遅れてるし……。早く書けっていうのに、レイコがグズグズしてるから。

そこはのんびり〝薩摩時間〟で許してくいやんせ（苦笑）。でも、二十数年ぶりに昔の同級生にも会えたし、その繋がりでいろんな出会いもあったなあ。街並みは変わっていても、人はやっぱりあったかくて、食べ物もおいしい。胸を張って「鹿児島人です」と言えない〝根無し草〟にとってもほんわか懐かしくて、いいトコです。

オレも、正直、西郷さん以外では「鹿児島って何かあったっけ?」ていう印象だったけど、実はグルメ然り、自然然り、ポテンシャルの高いところなんだと知って見直してしまった。芋焼酎だけは、相変わらず苦手だけど……(苦笑)。

そんなわけで「たび活×住み活」推進隊、略してタビスミ隊、ユルリと始動いたします。

あくまでも半フィクション、半ノンフィクション、独断と偏見満載の夫婦のボケツッコミ、温かい目でお楽しみください(笑)。

参考文献

『鹿児島学』岩中祥史著（新潮文庫）
『鹿児島謎解き散歩』今吉弘　徳永和喜編著　（新人物文庫）
『眠る盃』向田邦子著（講談社文庫）
『街道をゆく３』『街道をゆく８』司馬遼太郎著（朝日新聞出版）
『じゃっで方言なおもしとか』木部暢子著（岩波書店）
『かごしま文庫　鹿児島の料理』今村知子著（春苑堂出版）
『かごしま文庫　鹿児島の伝統製法食品』蟹江松雄、藤本滋生、水元 弘二著（春苑堂出版）
『BE A GOOD NEIGHBOR　ぼくの鹿児島案内』岡本仁編著（ランドスケーププロダクツ）
『d design travel KAGOSHIMA』（D&DEPARTMENT PROJECT編集）
『鹿児島共和国のオキテ』野口たくお監修　月刊九州王国編集部著（メイツ出版）
『これでいいのか鹿児島県』鈴木士郎・佐藤圭亮著（マイクロマガジン社）
『転勤・出張族のための九州・沖縄学』日本経済新聞社西部支社編（日本経済新聞社）
『日本でいちばん幸せな県民』坂本光司＆幸福度指数研究会著（ＰＨＰ研究所）
『曽宮一念　火の山巡礼』大沢健一編（木耳社）
『海老原喜之助』大沢健一著（日動出版）

データについては、
鹿児島県・各市町村ホームページ、総務省「社会生活基本調査」、統計局「社会生活統計指標」、総務省統計局「家計調査」（2015～2017年平均の品目別都道府県庁所在市及び政令指定都市ランキング）を参考。
その他、南日本新聞、南日本リビング新聞、各自治体観光パンフレット、企業ホームページなどを参照。

鹿児島県庁、鹿屋市役所からも各種資料を提供いただきました。
方言に関しては、中学校・高校の同級生たちにアドバイスをいただきました。
その他、インタビューにご協力くださった多くの方々に感謝申し上げます。

「たび活×住み活」52

自分だけの桜島ビュースポットを探す

▼桜島を見ると鹿児島キターって実感がわくなー。それにしても思ったより桜島までの距離、近っ！　迫力あるね。

▼鹿児島市内から一番近い所で約4kmしか離れていないからね。でも、空港から海沿いの一般道だからの絶景、いいな〜。高速代もかからず一石二鳥。

▼西郷さんも、日々、目の前の煙を上げる桜島を眺めながら、「日本をどげんかせんといかん！」とか戦略を練ってたのかな。よし、オイたちもキバってチェスト行くぞー（がんばるぞといった意味の鹿児島弁）！

▼早速、大河ドラマで覚えたエセ鹿児島弁……ヤメて。

西郷どんの独り言　「どげんかせんといかん」はみやこんじょ（都城）出身の元宮崎県知事によって広まったが、都城は旧薩摩領。ルーツは鹿児島弁だとも。また、「チェスト行けー」は今どき使わんぞ。

鹿児島空港からはリムジンバスやレンタカーで高速に乗れば、市中心部に40分ほどで到着する。しかし、たび活×住み活推進隊、略してタビスミ隊オススメはあえて迂回の一般道。錦江湾沿いに走るシーサイドの国道10号線、あるいは電車・日豊線チョイスだ。

ほどなく走れば、車窓の左側にはグンと広がる静かな内海の錦江湾。その向こうに噴煙を吐き出す桜島が目に飛び込んでくる。雲に隠れることなく、キレイに左右の裾野まで見えれば、幸先良し。いい旅になりそうな気がしてくる。

運転に疲れたら、海岸沿いにある名勝「仙巌園《せんがんえん》」（磯庭園内）でひと休み。ココは薩摩藩を治めた島津家別邸で、世界文化遺産にも選ばれた。

大河ドラマ『篤姫』や『西郷どん』の撮影が行われた敷地内のスポットを冷やかしたり、第28代島津斉彬が興した近代化事業などの歴史を学んだりするのもいい。が、ココでのオススメも、**仙巌園から静かに桜島を眺める**こと。桜島を築山に、錦江湾を池に見立てた借景技法で、ちょいと殿様気分の絶景を楽しめる。

篤姫も訪れたという庭園。徳川家に嫁いでからは生涯、薩摩に帰ることはなかったというが、江戸城で桜島を懐かしく思う時もあったろう。ともあれ薩摩というと、幕末の激闘ぶりや武骨なイメージが先立つが、島津のお殿様もイキなモンを遺してくれたわけだ。

実は鹿児島っ子に聞いても、「磯から眺める桜島が好き」という人は多い。ちなみに仙巌園、一定年齢から上の人ならば仙巌園よりも、別称・磯庭園のほうが通りがいい。

その他の桜島のビューポイントとしては、薩摩藩の鶴丸城跡にも近い城山公園の展望台が挙がる。城山からの桜島の眺めについては、作家の向田邦子さんもエッセイ『鹿児島感傷旅行』に書いている。

向田さんは、父の転勤で、小学校3年生3学期から5年生の3学期まで鹿児島に住んだ。多感な幼少時代を過ごしたからか、鹿児島は向田さん曰く〝故郷もどき〟の存在。感傷にも似た思いを胸に鹿児島へ戻る。

昔の恋人に会うような思い出の旅——向田さんは城山に近い自宅から鹿児島を見たいと考え、空港から市内に向かう際にもあえて桜島を見ない。だが当時の住居は跡形もなかった。ビルが増えた市内を見ながらこう記す。「変わらないのは、ただひとつ、桜島だけであった。形も、色も、大きさも、右肩から吐く煙まで昔のままである」と。

「県外から帰ってきて桜島を見るとホッとする」という地元っ子は多い。ソウルマウンテンというヤツだ。にわか旅行者も、〝故郷もどき〟の気分で、毎日、表情が変わる桜島をウォッチしたり、自分だけの桜島ナイスビュースポットを探したりするのもいい。

これかー！
ウワサの
「叫びの肖像」
さすが長渕剛、
迫力あるなー—
桜島には他にも
いろんなところに
自然の溶岩アートが
あるのよ。
「ライオン」岩!!
バン！
たしかに見える!!
「西郷」岩!!
ドン！
西郷さんに
似てるかは
わからんが、
人には見えるかな
オレも見つけた！
「レイコが
ビール片手に
寝ころがって、
テレビ見てる」岩!!
・・・

路面電車で"歩く"ように旅する

▼広島、富山、愛媛を旅した時も思ったけど、路面電車が主役で走っている街って風情あるよな。

▼車だと一瞬で通り過ぎてしまうし、地下鉄だと外が見えないけど、歩くように景色を眺められるというのかな。ガタンゴトンと揺られながらのリズム感と目線の高さが旅にはイイ！　軌道に芝生が植えてある停留所があるのも目の保養にいいね。

▼地球温暖化にも役立ってんじゃない？　でも誰がいつ、芝生の手入れしてんだか……鹿児島市電、気になるぞ。

▼桜島の灰を除く散水電車が走っているのは聞いたことがあるわ。札幌にも除雪装置がついたササラ電車が走ってたけど、各地の路面電車巡りってのも楽しそう。

西郷どんの独り言　最近はお年寄りも乗り降りがしやすか超低層電車やら、デザインも"よかにせ（かっこいい男性の意味）"な車両も登場しちょる。貸切専用のイベント電車もハイカラじゃっど！

鹿児島は「車がないと生活するには……」の車社会。だが、ペーパードライバーの交通弱者も臆することはない。市内中心部の〝足〟なら、路面電車利用がオススメだ。

車ならば、一瞬で過ぎてしまう景色も、のんびり電車に揺られながら眺められ、思い立った場所で乗り降りも可能。そして平地が少ない鹿児島では、車が集中する市中心部は渋滞も起こりやすい。ストレスなく〝歩く〟ように旅ができる路面電車がうってつけだ。

無論、鹿児島以外にも、路面電車が走る都市はいくつかある。そのなかでも鹿児島市電ならではの〝ウンチク〟をご紹介しよう。

まず一つが赤字路線も多いなか、全国でも数少ない優等生であること。慣れ親しんだ電車がなくなって寂しい思いをしたり、移動の足がなくなったりするリスクはなさそうだ。

もう一つが、一部の電停（停留所）に芝生が敷いてあること。目にも優しく、暑くて灰が降る夏も涼やかな気持ちに。近年のヒートアイランド現象の緩和に役立っている。

芝の手入れについては、2010年に、世界でも珍しい芝刈り電車を導入。茶畑でお茶を刈り取る機械をヒントに開発され、夏場を中心に深夜、年数回稼働している。また、桜島の灰を除去するためにジェットノズルがついた散水電車も活躍。乗り物マニアは必見だ。

住み活×たび活 3

加治屋町の“偉人伝説”に思いをはせる

▼ここが『西郷どん』で、西郷さんたちが、うなぎを捕まえてた甲突川ね。京都とか仙台もそうだけど、市街地そばに川が流れている街って落ち着くね。キミ、川好きだし。

▼うん。川の流れる音がいいんだよなー。実は、この甲突川周辺の加治屋町は、歴史上、重要な偉人たちが続々と生まれたレジェンドなエリアでもあるんだ。

▼さすが歴史オタクの本領発揮！ 街中歩いてて思ったけど、碑や銅像も多いのね。特別な施設に行かなくても、お金かけずに、ブラブラ歴史散歩もオツだね。

▼じゃ、今日の夕飯は、加治屋町のレジェンドたちに倣ってオイたちも、うなぎ捕ってくっかい。

▼だから、エセ鹿児島弁、ヤメて。

西郷どんの独り言　うなぎはオイの好物じゃっど。『西郷どん』では、丸ごと串刺しでうなぎを焼いて食べてたんが美味そうじゃったろ。あい（あれ）は昔の調理法を再現したものじゃっど。

史実が豊富な地である鹿児島だが、寺社仏閣はこと少ない。

それにはワケがある。「廃仏毀釈《はいぶつきしゃく》」という言葉を聞いたことがある人も多いだろう。**明治政府が神道国教化を進めるため、全国で寺院や仏像の破壊を推進した策**だ。

薩摩藩では元々、武器製造のために寺院の鐘を潰すなど、富国強兵を積極的に進めていた。また、武士の数が多く、檀家制度もなかったことから、武士の扇動に乗って**廃仏毀釈が徹底して行なわれた**という。

歴史を誇る街としては寂しい気もするが、その分、偉人たちの記念碑や銅像、史実を解説する看板は多い。そのメッカともいえるのが甲突川の近辺、加治屋町だ。歴史小説家の司馬遼太郎曰く、「いわば、明治維新から日露戦争までを、一町内でやったようなものである」。**西郷隆盛や大久保利通をはじめ、西郷隆盛の実弟で後に最初の海軍大将となる西郷従道、その他、山本権兵衛、東郷平八郎や大山巌などの偉人らがここで生まれている。**

甲突川の内側にあった加治屋町は、いわゆる〝川外ん衆（かわそとんし）〟と言われた高麗町、上之園、上荒田などより、城山の鶴丸城に近い分、気位が高かったとも。

ともあれ、ここはのんびり甲突川をぶらり散歩。郷中《ごじゅう》教育といって、エリアごとに小さな武士たちが武道を教え合い、切磋琢磨しあった〝熱い息吹〟を感じたい。

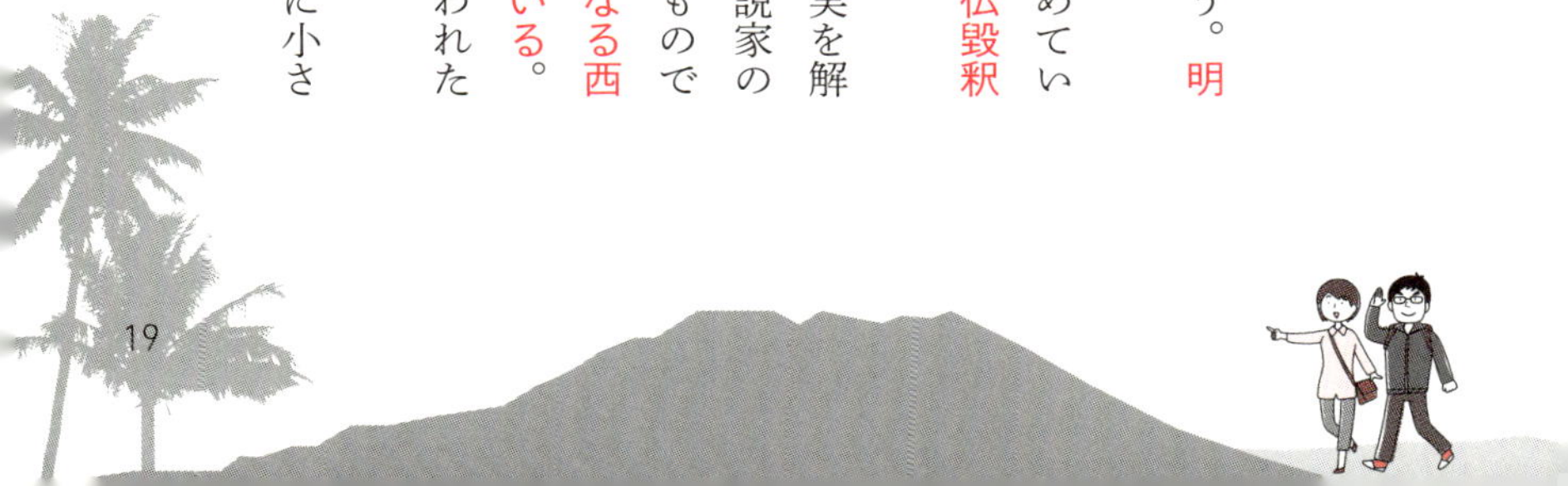

110超の蔵元、2000種類超の焼酎からマイベストを探す

▼大きな声では言いにくいけど、芋焼酎って苦手なんだよな。あの匂いがどうも……。

▼あー、今、鹿児島県民160万人超を敵に回したね。みなさーん、ココに芋焼酎を嫌いとのたまうヨソ者がいますよー。即、東京帰れー！ というのはウソで、かごっま人はそげんことで目くじら立てるような器の小さか人間じゃなか！

▼えーっと……酔っぱらってんのか？ 絡み酒か？

▼いや、マジメな話ね、焼酎は単なる酒だけでなく、鹿児島の歴史、文化、経済を支えている屋台骨のようなもの。その背景も知っておいてくいやんせ。

▼自分に酔ってんのか……。

西郷どんの独り言 市内の宝山ホールとか、鹿児島ユナイテッドFCのホーム、白波スタジアムなど、焼酎のブランド名がネーミングライツに使われた施設があるのも、かごっまならではじゃっど！

鹿児島で地元っ子気分で酒を飲むならば、焼酎は外せない。ハイボールやワインブームもなんのその、一人当たりの焼酎消費量・金額ともに全国2位（政令指定都市比較）。ここ数年、ライバル・宮崎に1位の座を渡しているものの、まぎれもない焼酎王国だ。県内の醸造所は約110、種類は2000種類超ともいう。鹿児島県南さつま市出身のサッカー選手・大迫勇也に負けじと、その数〝ハンパねえ〟のである。

ただし、出荷額でもこの4年間ほど宮崎が鹿児島をリードし、鹿児島は2位。東京でもよく見る『黒霧島』というブランドで知られる都城の霧島酒造が売上を伸ばしたのが逆転の要因だという。何につけても「よだきい（面倒くさい）」とのんびりモードだった宮崎も、「どげんかせんといかん！」の元知事以降、目覚めたか。

鹿児島の薩摩酒造「さつま白波」が広告宣伝で先行し、焼酎を大都市圏に普及させたと言われるが、近年では宮崎や大分のメーカーが、全国区の宣伝やマーケティングで一歩先を行っているという見方も。確かに霧島酒造が最近のCMで起用したのが松坂桃李。「黒伊佐錦」に出ている博多華丸は同じ九州人としてセーフとしても、樟南……じゃなくて湘南ボーイの人気俳優を使うとはズルイぞ!?

「宮崎は全国で受ける飲みやすい焼酎を出したが、鹿児島は美味い焼酎を極めている」な

どという、負け惜しみに似た声も聞かれるが、確かに、鹿児島の蒸留所・焼酎ごとの個性は多種多様。サツマイモの栽培から手掛けるなど、こだわりも強い。

鹿児島を旅するなら、あれこれ飲み比べをして、お気に入りを探したい。エリアごとに、その地の焼酎を推す人も多く、地元スーパーで主力の焼酎をチェックするのも楽しい。

ちなみに、鹿児島でいう本格焼酎は、サツマイモを使った芋焼酎と奄美諸島で作られた黒糖を原料とする焼酎に二分される。なかでも鹿児島県産のサツマイモを使い、県内で製造・瓶づめされた焼酎は薩摩焼酎と呼ばれる。

鹿児島といえばサツマイモ、現地で言うところのカライモも名産だが、これも火山灰が降り積もったシラス台地の水はけの良さを活かした畑作の知恵。南国の高温多湿の気候は日本酒造りには不利だが、それゆえ南方や大陸から伝わってきた蒸留技術とサツマイモを原料とした焼酎造りが発展したのだ。

奄美群島には約20の蒸留工場があるが、なかでも全国区のブランドが奄美大島宇検村の「奄美大島開運酒造」の「れんと」。同社では村おこしを念頭に置いた経営を推進。村と協力し、宿泊施設、飲食店などの施設と自然が一体化した「開運の郷」を開き、成功している。

ヒロシ、初めてのレイコ宅訪問の際の出来事
ヒロシくん！わざわざ東京からはるばるありがとう
いえ いえ
サイタマだけど…
酒でも飲まんかね！鹿児島といえば焼酎だ！
伊佐美だー プレミア～
ドン！
うっ
オレ芋焼酎苦手なんだよな
どうしよう……いやここで妥協して飲んだらずっと飲まなきゃいけなくなる…！
パリ
キッ
僕 芋飲めません！
これは これで
割り水してちゃんと1日おいといたぞ！
わー
この器ステキね～
さみしいかも…

甘いしょうゆ、つけ揚げには焼酎が好相性と知る

▼芋焼酎は苦手だけど、あの甘めのしょうゆ、好きだなぁ。刺身には合わないと思ってたけど、地鶏刺身とかカツオのタタキには、薬味のニンニクと地元の甘いしょうゆがバッチリ！

▼そこにきりっとした焼酎を合わせる〝さつまマリアージュ〟がサイコーなんだけどな。

▼はいはい、地の料理には地の酒だろ。しょうゆだけでなくて、さつま揚げとか他の料理も甘めだよね。この甘辛い味、男ウケいいと思うんだ。白メシにも合うし。

▼確かに日本酒には合わないかもね。

▼酒の相性、ウルさ……。それにしても鹿児島って、元々、甘党が多いのかな？

▼私は同じ〝さとう〟でも砂糖じゃなくて左党（酒飲みの意味）だけど。

▼ついにおやじギャグ……。

西郷どんの独り言　作家の向田邦子さんも、つけ揚げが好きで、本場・いちき串木野市からよう取り寄せちょったとか。最近は甘さ控え目、チーズやコーン入りなどのニューウェーブも人気じゃっど。

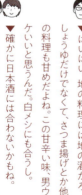

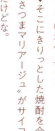

鹿児島の料理の特徴には、大きく3つのポイントがある。

一つが、地理的条件から、南方や中国・朝鮮からの影響が強いこと。ニガウリやへちまといった南方野菜を使ったりするのもその影響。さつま揚げをこの地ではつけ揚げと呼ぶが、沖縄のチキアギー（ごぼうや人参入りの揚げかまぼこ）にルーツがあるという説も。豚肉を使った料理が多いのも、〝鳴き声以外はすべて食べる〟という中国や、ソーキ（スペアリブ）や豚足もよく食べる沖縄の影響で、焼酎のルーツも沖縄、中国、朝鮮にある。

もう一つが、味付けが甘めであること。これには複数の説がある。

かつて砂糖の原料であるサトウキビが薩摩藩の貴重な財源として奄美大島で作られていた。もちろん藩への献上品であって一般庶民の口に入らない。それゆえ一般人の砂糖への欲求が強まったとも。また、サツマイモを主食としていたために甘党寄りになったという説もある。ともあれ、鹿児島市だけを見ても、砂糖消費は金額ベースで全国1位だ。

ちなみに甘い醤油は食塩濃度が低く、うまみ成分のアミノ酸を多く含んでいる。〝甘い＝健康の敵〟とみなされがちだが、実は塩分控えめにしたい人には向いているかも。

味噌も甘めだが、鹿児島の料理は地元のしょうゆと味噌があってこそ。県外に出た鹿児島県人の中にも、慣れ親しんだ甘口のしょうゆを地元から取り寄せる人も多い。

本土最南端。日本のウイスキーの意外な〝ルーツ〟を辿る

▼焼酎を愛する鹿児島人には申し訳ないけど、やっぱオレはハイボール派だなあ。居酒屋行くならハイボール飲める店がいいんだけど？

▼だからかごっま人は地元の風習や酒を県外の人に押し付けるようなことはしないの！　あとね、意外かもしれないけど、実は鹿児島にもウイスキー蒸留所があるの。焼酎で有名な本坊酒造が製造元で、朝ドラにもなった国産ウイスキーの生みの親の〝マッサン〟（ニッカウヰスキー創業者・竹鶴政孝氏）の活躍も、日本のウイスキー人気も、本坊酒造の元顧問、岩井喜一郎さんという人の尽力もあったからなのよ。

▼かごっま、やるじゃん！　じゃ、気兼ねなくハイボール、もう1杯！

西郷どんの独り言　実はサッポロビールを作ったんも薩摩隼人。札幌開拓使として麦酒醸造所の責任者となった元薩摩藩士の村橋久成どんで、日本のビール文化の礎を作ったんじゃ。

日本のウイスキーの祖といえば、ＮＨＫの朝ドラで一躍有名になったマッサン、ニッカウヰスキーの創業者・竹鶴政孝氏を思い起こす人も多いだろう。

朝ドラ放映時には、多くの観光客がニッカウヰスキーの北海道・余市蒸留所に訪れたというが、タビスミ隊としては、マニアック路線、鹿児島の焼酎メーカー・本坊酒造が作るマルスウイスキーの蒸留所、「マルス津貫《つぬき》蒸留所」（南さつま市）の訪問をススメたい。

竹鶴氏がウイスキーの作り方を学んだのは英国スコットランド。実は彼をウイスキーの本場に送り込んだ人こそ、当時在籍していた摂津酒造（後に宝酒造に統合）の常務、後に本坊酒造に招かれ、顧問に就いた岩井喜一郎氏だ。

竹鶴氏は、ウイスキー研修の結果を報告書にまとめ、岩井氏に提出する。これが国産ウイスキーの原点とされる、通称「竹鶴レポート」だ。

本坊酒造は、岩井氏の指導のもと工場設計や原酒の仕込みを進め、60年代には山梨で「マルスウイスキー」の生産をスタート。そのスピリット、技術は、85年誕生の「マルス信州蒸留所」へと受け継がれ、２０１６年に、「マルス津貫蒸留所」が生まれる。

同蒸留所の見学コースでは、信州で蒸留し津貫で熟成されたシングルモルトの試飲も可能。20年あたりには津貫で生まれた本土最南端発シングルモルトも楽しめるはずだ。

かごっまふるさと屋台村で地元民と飲み交わす

▼全国いろんなところに屋台とか、屋台村ってあるけど、正直、観光客向けで若干割高だったり、雰囲気はあっても屋台で味が今ひとつだったりってイメージもあるけど……。

▼いやいや、ココね、地元の人にも聞いたら評判良くて、ジモティ割合も高いみたい。

▼一見客だけでなくて、地元の人が多けりゃ間違いないってことか。確かに賑わってるね。

▼店によって、推してる食材や料理も違うから、はしご酒にもうってつけ。見て！このスタンプカードにスタンプを集めて、5軒制覇すればオリジナルグラスがもらえるって！

▼まさか、一晩で5軒行くつもり!?（結局、一晩で5軒はしご、見事、グラスゲット笑！）

西郷どんの独り言　屋台村には、奄美大島の料理を楽しめる店もあっど。シマジューリ（島料理）ちゅうて、鶏飯（けいはん）とか油そうめんは、薩摩藩から来るお役人のおもてなし料理じゃった。

タビスミ隊の呑ん方（鹿児島弁で飲み会）スタイルは、「飲むなら地元の人が集うディープな店」。カウンターメインの個人店ならば、隣り合った地元っ子との会話も弾むというものだ。

とはいえ、知らない地で、常連が集う店に飛び込むのはややハードルが高い。

そこで、ビギナーにススメたいのは鹿児島中央駅近くの「かごっまふるさと屋台村」。個性あふれる25店舗がひしめく、地元っ子にも人気のスポットだ。

特徴は地産地消を掲げ、店ごとに垂水のブリ、姶良《あいら》の豚肉、大隅産うなぎ、桜島溶岩を使用した溶岩焼き、奄美の鶏飯《けいはん》など、エリアも売りのメニューも異なること。はしごするうちに、県内グルメを制覇できる。

店主のかごっま弁のおもてなしも楽しい。数人入れば満杯のカウンターだけの店も多く、隣合ったジモティと話すうち、地元通にもなれる。

オープンしたのは12年4月。当初は観光施設という想定だったが、地元の人からも「こんなふれあいの場が欲しかった」と人気に。誘客は好調で、15年、18年と店舗の入れ替えを行なった際には、出店希望者も殺到。審査は厳しく競争率も高い。その分、どの店もレベルが相対的に高いと好循環が生まれている。

12年から5年間累計で220万人超が訪れ、16年度は計画を上回る7億円弱の売上があったとか(日本経済新聞参照)。だが当初から10年程度の想定で事業がスタートしたため、20年にはザンネンながら閉店予定だ。

もう一つの選択肢として、天文館にも新たな〝ふれあい酒場〟が登場している。18年8月にオープンした「天文館かごしま横丁」だ。

ちなみに天文館とは、東千石町や山之口町、千日町などを中心とする鹿児島随一の繁華街を指し、天文館という町名があるわけではない。

名前の由来は、薩摩藩8代当主・島津重豪が天文観測や暦の作成を行なう施設「明時館(別名天文館)」をここに建てたことに起因する。

さすが、一藩で天文・暦学研究を実践するとは、蘭癖《らんぺき》大名(オランダ流、つまり西洋風を模倣すること)と言われるほどの洋学通だった重豪ならではの先進的取り組みともいえるが、今は跡地に記念碑が建つのみ。

アーケードに星座をモチーフとした敷石があるのも、その名残だが、現代のかごっま人には「天文館に行く」は「呑ん方」に行くと同義語といっていい。

「天文館かごしま横丁」はビル内に8つの飲食店が軒を連ねる施設で、席を立たずに全店

の料理を味わえ、精算も一括でできるのが売り。

そしてコンセプトは、観光客の前に「地元の人に愛される店」になることだとか。にわかジモティを気取るなら、小さな店が集う屋台・横丁で杯を重ねたい。

早起きして、
市場食堂で
“首折れサバ”に舌鼓

▼おお、競りの声が聞こえてくるねー。一般向けに販売していないプロ向けだけあって、ちょっと入りにくいけど、ディープ感がいいね。

▼ココが一般人もＯＫの食堂か。市場関係者の人たちが食べているカレーやラーメンにも心惹かれるけど、やっぱり市場直送、刺身定食かな。

▼私、首折れサバ。首を折って血を抜く活け〆のサバらしいよ。

▼おっ、来た来た。このボリュームで1000円台。さすが市場の食堂。早起きしてきた甲斐あったなー。

▼うーん、サバも身はキラッキラッで食感コリコリ、身が甘い！　そして市場で働く男の人たちもカッコイイし、もう市場萌え♥

▼まさかの食い気より色気かよ。

西郷どんの独り言　薩摩名物の一つ、カツオのタタキは江戸時代、食中毒の流行で生食が禁じられたのを、土佐の武士が表面をあぶってごまかして食べたんが初だとか。あん（あの）衆も豪快じゃの。

地方旅で楽しいイベントの一つがその地の〝台所〟、市場巡りだ。大阪の黒門市場や京都の錦市場、金沢の近江町市場といった、観光客向けの有名市場もいいが、タビスミ隊としては、もう少し生活に密着した市場を満喫したい。

鹿児島港のすぐそばにある中央卸売市場魚類市場は、一般人の買い物はNG。プロの仕事場ゆえ、一瞬、入口で「入って大丈夫？」とヒルむが、食堂は誰でもウェルカム。早朝から駆けつけ、競りの声を聴きながら、食堂に潜り込みたい。

メニューは、働く男たちに倣ってカレーや丼など日常メニューを選ぶのもツウだが、やっぱり海に近い市場ならではの新鮮な魚がオススメだ。

東京ならば数千円しそうな刺身定食も千円台前半と格安で食べられ、もちろん美味！　なんと言ってもオススメなのが首折れサバ。名は物騒だが、鮮度を保つために、サバの首を折って血を抜く活メのスタイルで、屋久島の漁師が伝えたという。

今や全国各地、さまざまなブランドサバが揃うが、この首折れサバは絶品。ギラギラしてコリコリ、そして甘い！　地元の人曰く「屋久島の獲れたてはさらに美味い！」とか。

ちなみにガイド付きの「かごしま魚市場ツアー」では、市場内の見学もOK。さらなるディープ体験を極めるならツアー参加も推しだ。

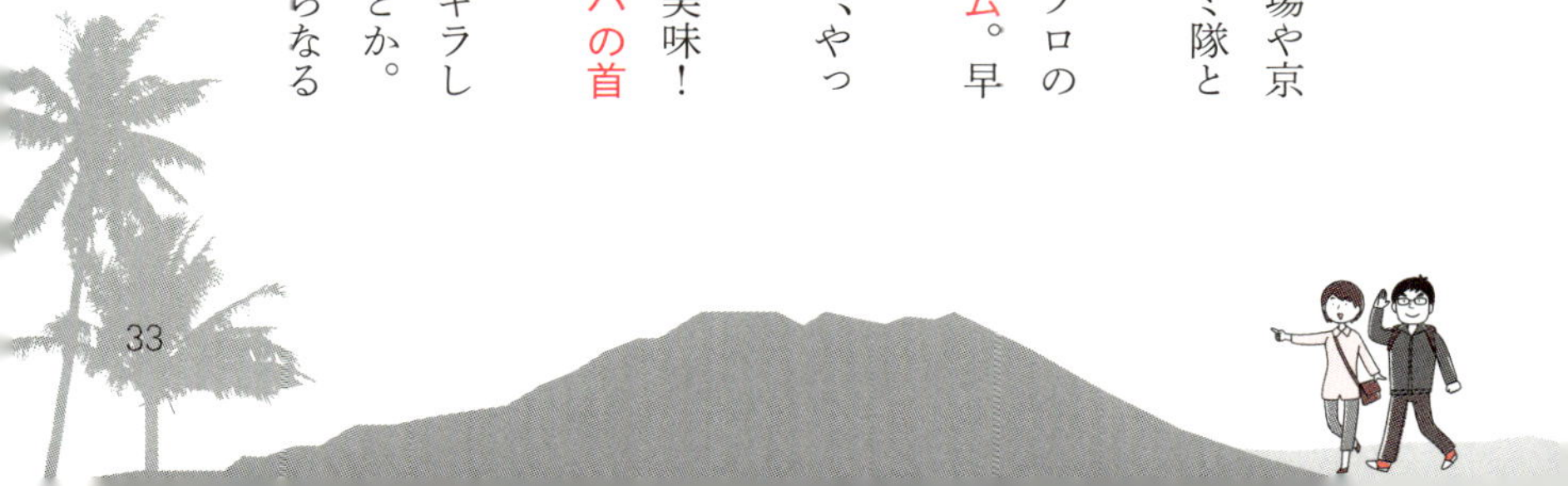

たび活×住み活 9

片道160円のお気軽クルーズ&うどんを楽しむ

▼桜島に渡るフェリー、160円で乗れるなんておトク！　海風も気持ちいい。って、甲板じゃなくて、もう船内入っちゃうの？

▼あのな、桜島フェリーに乗ったら、フェリー内の「やぶ金」で、まずうどんを食べないと。乗船時間は15分だから急ぐぞ！

▼甲板で桜島の絶景を楽しむか、うどんを取るか、の究極の選択だね。

▼ともあれ、まずはうどん。ズルズル……うん、フツーかな(笑)。運賃は安いけど、うどん450円は高い気もするな。

▼『ケンミンSHOW』とか、長渕剛さんもテレビで紹介したって書いてあったよ。こういう素朴な味が、郷愁を誘うのよ。

▼でも、かけで450円だぜ。

▼細かっ、つかセコ……。

西郷どんの独り言　桜島・錦江湾は13年にジオパークに認定されちょっど。活火山と人が共存するという、世界でもレアな場所なんじゃ。外国からの観光客も増えちょっど。

遊覧船や水上バス、川下りなどなど。旅先での小さな船旅は、旅の非日常感をさらに盛り上げてくれる。だが、「暮らすように旅する」ならば、あえて地元の人の〝足〟をチョイス。オススメは「桜島フェリー」だ。

なんといっても魅力は片道160円、約15分で到着するというお手軽さ。というのも、地元の人にとっては、あくまでも移動手段。**鹿児島市街地と桜島だけでなく、薩摩半島と大隅半島を結ぶメイン交通機関として活躍**しており、朝夕は通勤・通学客、週末は市内に買い物に行く地元民や車を運ぶ。

日中は10〜15分おきに運航され、深夜や早朝も1時間に1往復。24時間働く珍しい公共交通機関なのだ。

必須のアクティビティは**船内のうどん・そば店「やぶ金」でうどんを食べる**こと。やわらかめの麺にさつま揚げがのったかけうどんが450円。びっくりするほど美味いわけでもなく、安いわけでもないが、船上で食べる特別感が気分をアゲてくれる。昼時となると、地元っ子も行列を作る。ふと食べたくなる魔力があるのだ。

桜島フェリーだけでなく、**鴨池と垂水をつなぐ「鴨池・垂水フェリー」にも名物「南海うどん」**がある。こちらは地元名門いわさきホテルズ総料理長考案。食べ比べも楽しい。

日本一のチャンピオン
黒牛のウマさにとろける

▼空港に「和牛日本一に輝く鹿児島黒牛」って、でっかいパネルが掲げられてたけど、鹿児島といえば黒豚だよね。まさかの間違いってことは……？

▼んなわけないでしょ。もちろん黒豚は有名だけど、近年のイチ押しは黒牛。17年に行われた、和牛チャンピオンを決める全国大会で、鹿児島産の黒牛が総合優勝したの。世界でも人気の高いWAGYUのテッペンに輝いたんだからこりゃハンパないよ。

▼これまでのオレ的No.1は米沢牛だったんだけど……下克上なるか。よしっ、早速、お手並み拝見、じゃなくて拝食、食いに行っど！

▼やったー！

西郷どんの独り言　オイも黒豚、とくにとんこつが好物じゃった。とんこつは、アバラ骨付きの豚肉を豪快に煮込んだ料理で、戦場や狩場でもよう作った。薩摩藩士のエネルギーの元になったんじゃ。

和牛といえば日本三大和牛にも挙げられる米沢、松阪、神戸などのブランド牛が頭に浮かぶ。

一方、鹿児島といえば、生産量日本一の黒豚は知られていても、一般的に牛肉のイメージは薄い。だが、畜産全体の産出額で全国2位を誇る畜産王国にあって、県内の肉用牛（黒毛和種）の飼育頭数も約32万頭と全国1位。実はダブルでスゴイのだ。

もちろん、数だけでなく、クオリティも高い。その名を全国に知らしめたのが17年に行われた「第11回全国和牛能力共進会」だ。

和牛の質や能力向上のために、5年に一度開催される、いわば和牛のオリンピックで、鹿児島からは予選を勝ち抜いた30頭を出品。鹿児島から会場となった宮城までの長旅のハンデもはねのけ、9部門のうち4部門で1位。出品したすべての牛が上位6位に入賞し、悲願の総合優勝を勝ち取った。

鹿児島の黒牛の特徴は、霜降りながら、シツコくなく、肉のうまみとコクをしっかりと味わえること。

試食した安倍首相も、「肉汁がぎゅっとして、ジューシーで美味しい」と絶賛したとか。

おススメはシンプルに焼いたステーキ。肉と脂の旨みが口のなかでとろけ、思わず無言

になる。ＪＡ直営店「華蓮《かれん》」などで食べられる、黒牛&黒豚セットのしゃぶしゃぶで、〝ダブル日本一〟を堪能するのもいい。

もちろん簡単に日本一になれたわけではない。上質な牛を育てるには、毎日の運動や栄養管理はもちろん、日頃のコミュニケーションや信頼関係の構築も大事だという。また、畜産農家だけでなく、ＪＡや行政、各協会など県一丸となっての〝オール鹿児島〟の団結力があったからこその優勝だったという。

実は前回、前々回は宮崎が優勝し、鹿児島は惜しくも2位。だからこそ首位奪還は県を挙げての悲願だった。だからこそ、受賞が決まった時の畜産農家たちの〝男泣き〟だったのだろう。

業界として人手不足、後継者不足が言われるなか、若い三代目の兄弟やＩターンの若い畜産家が活躍しているのも頼もしい。17年の大会からスタートした高校部門でも市来農芸高校の牛が全国5位に輝いた。カナノウ（金足農業高校）ならぬ、イチノウ旋風もなかなかスゴイぞ。

22年に行われる12回大会の開催地は鹿児島。勝って兜の緒を締めよ。すでに次回に向けた畜産農家の取り組みはスタートしている。

鹿児島では黒牛、黒豚、黒さつま鶏と来て、新たなる〝黒〟も売りだしている。「薩摩黒鴨」だ。鹿児島大学と産学連携で事業を展開する日本有機のオンラインショップや曽於市の「ふるさと納税」でも提供している。

鹿児島第四の〝黒旋風〟。その実力を自宅で味わうのもいい。

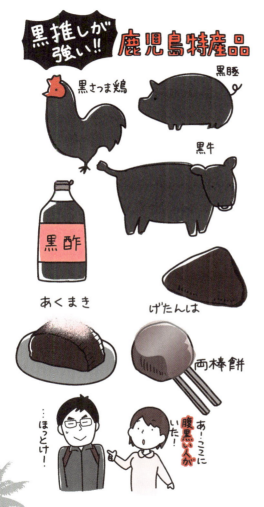

特攻隊の若者の手紙に涙する

▼オレが鹿児島で唯一来たことがあるのが、知覧特攻平和会館。小泉元首相が就任直後に訪問して、話題になったのを見て、ひとりで来たんだ。歴史好きとしては幕末の歴史を巡る旅もいいけど、鹿児島を旅するなら、マストでココも訪問してほしい場所かな。

▼さすが歴史通。〝特攻の母〟と呼ばれた鳥濱トメさんの宿にも泊ったんだっけ。鹿屋にも鹿屋航空基地史料館があるんだよね。あまり知られてないけど、入館料が無料なのが申し訳ないほど、展示も充実してるって。鹿屋にはドラマ「永遠の0《ゼロ》」のロケ地になったスポットもあるわ。

▼派手な展示ではなくて、隊員の遺影と飛び立つ前に家族や大事な人に宛てた手紙が、静かに展示してあるのが、じわじわと来るんだよな。

西郷どんの独り言　出水や国分、指宿にも海軍航空隊の特攻基地があって、地下壕、慰霊塔などの戦争遺跡が残っちょうところも。ようけ若い命が失われたんじゃ。

京都の庭師の手による名勝・武家屋敷庭園が広がり、薩摩の小京都と呼ばれる南九州市の知覧。お茶の産地でもあり、広大な緑の茶畑も見どころだ。そして「歴史に学ぶ」もモットーとするタビスミ隊としては、マストでオススメしたいのが知覧特攻平和会館だ。

第二次大戦時、旧陸軍特別攻撃隊として、敵艦に体当たりする特攻作戦のもと出撃し、戦死した若い隊員の遺品、遺影、遺書ほか、戦闘機などが展示されている。

語り部による歴史講和などもある。近隣には、〝特攻の母〟と呼ばれ、隊員の世話をしていた鳥濱トメさんが遺した旅館、富屋旅館もある。ゆっくり滞在し、隊員たちが束の間くつろいだという食堂で、当時の時代背景を肌で感じるのもいい。

また、知覧に比べると知名度が低いが、その分、混雑を避け、じっくりと見学できるのが鹿屋航空基地資料館。こちらは海上自衛隊鹿屋航空基地の敷地内にある海軍航空の資料館で、特攻隊として鹿屋基地および串良基地から出撃した海軍の若い隊員の遺書、遺影、貴重な資料が展示されている。唯一現存する「二式大型飛行艇」も必見だ。

その他、鹿屋には関連施設として、戦闘機を空襲から守るためのシェルターの掩体壕《えんたいごう》、地下壕、慰霊塔などの戦争遺跡が残る。

時間が許せば、陸軍の知覧、海軍の鹿屋と両方を回りたい。

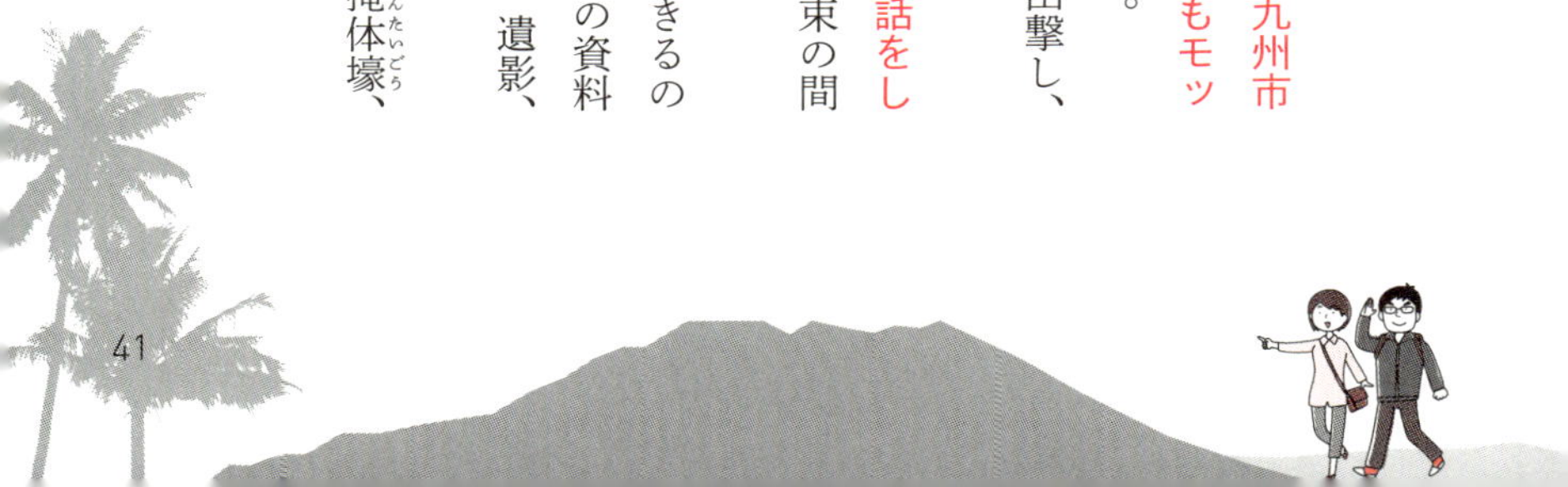

養殖先進国のカンパチ&ブリのウマさに驚く

▼ココが垂水の養殖カンパチが食べられる店?

▼そう、そのカンパチの名も「海の桜勘(おうかん)」。桜島の桜と、カンパチの身が桜色というのが由来だって。

▼でも、しょせんは養殖だろ……いや、うまっ、身が甘い! 養殖をナメてた。確かに錦江湾に養殖のイカダがたくさん浮いてたけど、水質が養殖に向いてんのかな?

▼年間を通じて温暖で、海水もキレイ。湾が深くて、沿岸近くでイカダをちょうどいい深さに設置しやすいんだって。今や天然モノより養殖のほうが高く取引されているの。あと、驚くなかれ、阿久根では、高級魚のふぐ養殖なんかも盛んに行われているわ。

▼ふぐといえば山口って思ってたけど鹿児島、侮れん!

西郷どんの独り言　志布志湾では、天然のハモも獲れるんじゃ。「志布志湾産天然ハモ入り志布志湾三昧丼」が有名。実は京都名物のハモも、志布志から運ばれていることも多いんじゃと。

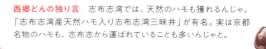

空港から鹿児島市中心街に向かう際、桜島だけでなく、海にも注目してほしい。水面に多数浮かぶ養殖のイカダが目につくはずだ。海に囲まれた鹿児島は、良い漁場に恵まれているのに加え、実は養殖の先進的エリアでもある。

なかでも生産量日本一を誇るのがカンパチとブリ。鹿児島は内湾が多く、ブリの稚魚が獲れることから1950年代から養殖がスタート。ブリ養殖元祖の垂水牛根《うしね》の「ぶり大将」、長島町の「鰤王」、福山町の黒酢を使った「さつま黒酢ぶり」などのブランドが揃う。

カンパチは、温暖な海に生息するため、鹿児島はまさにうってつけの養殖場。全国生産の約5割を占め、「海の桜勘《おうかん》」ほか、「ねじめ黄金カンパチ」（根占）、「かのやカンパチ」（鹿屋）、「いぶすき菜の花カンパチ」（指宿）、「辺塚だいだいカンパチ」（肝付）がブランドとして認定されている。

エサにも特徴、土地柄を感じられる。垂水のカンパチは配合飼料に全国2位の生産量を誇る鹿児島県産のお茶を配合。お茶を与えると、鮮度が保たれ、ビタミンEが増加。コレステロール含量が減少。魚臭さがなくなって、身質の透明感も増すとか。

ブリ養殖で日本一の長島町でも、杜仲茶などを配合したエサで育てる「茶ブリ」を生産。その他、福山町名産の黒酢、ご当地のだいだいを加えるなど、各地工夫をこらしている。

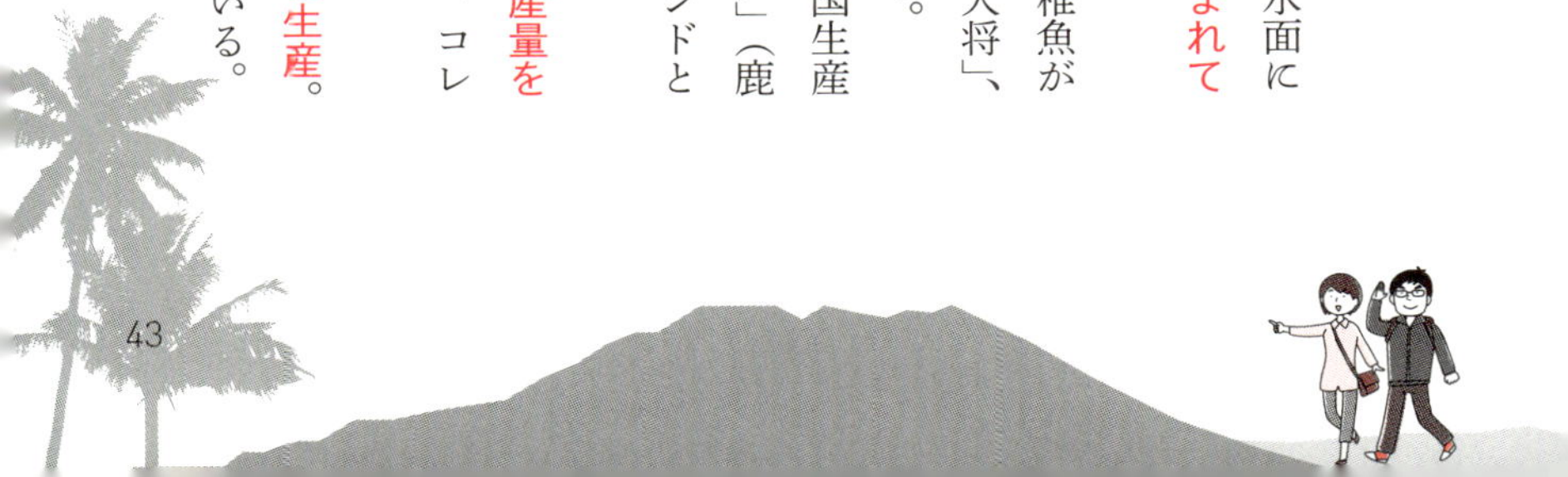

たび活×住み活 13

"焼きそば"人気に老舗・山形屋の矜持を知る

▼ご当地麺が食べたいなあと思って、調べてたら、まさかの人気上位に入ってたのが焼きそば。しかもデパートの大食堂ってどうなの？　って、大食堂、スゴイ行列できてるじゃん！　ナメてたな。すみません。

▼しかも9割ぐらいの人が焼きそば食べてるし、量もスゴくない？　これで700円は安い！

▼シニアの方々も余裕で完食してるよ。一方、オレたち夫婦で小サイズをシェアしてるって、まだまだヘタレだな。

▼薩摩隼人・おごじょ、ハンパない！　そして、山形屋の焼きそばへの愛もハンパないね。

西郷どんの独り言　山形屋を創業したんは、庄内(山形)地方出身の呉服商じゃった。歴史的経緯からも、庄内と薩摩は縁が深いんじゃ。山形にもオイのルーツをたどる名所がいくつかあっど。

黒牛などの高級食材もいいが、**タビスミ隊のマストアクティビティは、格安でウマいB級グルメを押さえる**こと。

各地、観光客を呼び込むべくさまざまなB級グルメを売り出すなか、鹿児島でチョイスしたいのはあえてのデパート。**鹿児島が誇る老舗百貨店山形屋《やまかたや》の大食堂**だ。デパートの大食堂と聞いて、ナメてはいけない。何せ山形屋、歴史からしてすごい。

呉服店として創業260年超。百貨店に業態を転換してからも100年超の歴史を持ち、神戸以西の〝百貨店一号〟として話題を呼んだ。

しかも、近年、衰退気味の百貨店業界にあって、今も地方百貨店の中ではトップクラスの収益を誇る。なにせ**「北海道物産展」では、北海道が主催する物産展としては売上トップを維持**しているのだ。

また、デパートの飲食フロアといえば、テナント形式が普通だが、グループ子会社で食堂を経営しているのも老舗のこだわりが感じられる。

ココで注文すべきは一つ。焼きそば（実際はあんかけ堅焼きそば）だ。

注意ポイントは、700円というお手頃値段ながら、普通サイズでもかなりのボリュームがある。たっぷりの餡から、パリパリの麺を掘り出して、まずはズルッといこう。

そのままでも十分美味しいが、次に**テーブルの三杯酢をひと回し**する。すると、口の中がサッパリ。パリパリ麺がちょっとふやけてくるのもまたいい。デカ盛りでも、ついペロリと行ける秘密だ。

この焼きそば、元々一号館にあった店で出していたメニューが社員の間で評判となり、同店閉店後にその味を再現したとか。**1958年誕生以来のヒット商品**だ。

また、山形屋創業者は鹿児島人ではなく、庄内地方（山形）出身の呉服商。薩摩藩主の許可を得て店を構えたのが発端だ。その歴史を辿るならば、**西郷さんにまつわる庄内藩と薩摩藩を巡る歴史**も押さえておきたい。

戊辰戦争で西郷さんは庄内藩に寛大な処置を下した。この一件から、庄内藩では西郷さんを訪ねて教えを仰ぐようになり、その教訓をまとめた本『南洲翁遺訓』も誕生。山形・酒田市には西郷さんをまつる南洲神社もある。山形と鹿児島は歴史的にも縁が深いのだ。

また、**山形屋の大食堂がある階には「社交室」という、なんともレトロな名前の施設**がある。ロータリークラブの例会や企業のパーティー、宴会などで使われることも多い。

由緒正しきながらも、雰囲気はあくまでも庶民派。大食堂でも本を読みながらビールと

焼きそばを楽しむダンディなおじさま、焼きそばを食べた後にパフェなどを食べながらおしゃべりに興じるおばさまたちが集う。

鹿児島中央駅や郊外の大型モールに客がシフトしているといっても、長く愛されているのは、このあったかさと歴史に裏打ちされた安心感か。

向田邦子さんも、エッセイで「山形屋デパートで買ってもらった嬉しい思い出は、絞りの着物と一緒にまだはっきり残っている」と書いている。地元っ子の大事な思い出が残る場として、一介の旅人も声援を送りたい。

包容力高い〝鹿児島ラーメン〟で麺活

▼焼きそばときたら、やっぱりご当地ラーメンも押さえておかないとな。これまで旅先でいろんな〆のラーメンを食べてきたけど、鹿児島ラーメンは、やっぱり九州だからコッテリ豚骨？　中年にはそろそろキツいなー。

▼そうでもないのよ。実は「鹿児島ラーメンとはコレ！」という厳格な定義がそもそもないみたい。豚骨ベースは多いけど、京都発の〝天一（ラーメン）〟なんかよりも、ずっとあっさり。昔ながらの中華そば風、さっぱり塩味など、我々中年にやさしいラーメンも楽しめるわ。共通しているのは大根の漬物が出るところ。食べ放題の店もあるよ。

▼漬物か。野菜不足にもいいし、酒のアテにもなるな。

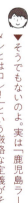

▼飲んだら、〆の意味ないじゃん！

西郷どんの独り言　串木野では、「まぐろラーメン」が名物。まぐろの頭と野菜などを煮込んだしょうゆ味のスープに、漬けまぐろと白髪ネギの具がのっかる。観光客にも人気じゃっど。

地方へ行く楽しみの一つに、飲んだ後の〆のラーメンがある。冷やしラーメンが名物の山形、家系の横浜、生卵を入れる徳島ラーメン、麺はバリカタ＆替え玉デフォルトの博多などなど。各地ごとに特徴あるラーメンが並ぶ。

では鹿児島は？　というと厳格な定義がないのが鷹揚な鹿児島流。柔らか目のストレート麺で豚骨と鶏ガラのダブルスープ、トッピングはもやし、焦しネギが基本だが、塩、しょうゆ、味噌などよりどりみどり。気分、体調で〝さっぱり〟〝こってり〟を選べる。

例えばお腹周りが気になるお年頃にピッタリなのが天文館の昭和24年創業の「のり一」。台湾ルーツとも言われ、スープは鶏ガラ系のさっぱり塩味、中太の麺は柔らか目でするっといける。値段は、今どき、中サイズで500円と格安。夜は20時から翌朝3時、金土は4時まで営業しているので、天文館で飲んだ後の〝ひとり麺活〟もいい。

同じく優しい味わいが魅力なのが老舗「こむらさき」。スープは豚骨系だがマイルド。麺はかん水をつかわないため、ソーメンのような食感。シャキシャキのゆでキャベツ、甘辛い椎茸など具材が多いのも健康的で、豪快に混ぜて食べるのが正解だ。

同じく老舗の「鷹」は醤油中華そば系。優しい味噌ラーメンなら「三養軒」。ガツンと行くなら濃厚豚骨の「豚とろ」や「小金太」、こってり黒味噌の「三平らーめん」もいい。

たび活×住み活 15

「いぶたま号」で、水戸岡デザインを満喫する

▼観光列車に乗るなんて初体験！

▼せっかく鹿児島に来るなら、観光列車のデザインで知られる水戸岡鋭治さんの列車に乗りたいって思ってさ。さすがに人気の「ななつ星」は値段的にもハードルが高いけど、「指宿のたまて箱」、通称いぶたま号ならなんとか、ね。

▼おっ、列車来た。到着時に、〝玉手箱〟をイメージした白い煙が噴き出す趣向も楽しいね。

▼海を眺められる横並びのシートもある。あそこ早いもの勝ちだよ。って、あれっ、レイコ、どこ行った？

▼ねえ、この社内販売の発泡酒「薩摩ゴールド」って美味しそう！

▼〝花より団子〟かい……。

西郷どんの独り言　県北の吉松駅から鹿児島中央駅まで走る特急「はやとの風」も水戸岡デザイン。停車駅の嘉例川駅の駅弁、「百年の旅物語 かれい川」は九州駅弁グランプリで1位をとった逸品じゃ。

薩摩半島南東に位置し、県内有数の観光・温泉地として知られる指宿。車やフェリーなど、〝足〟はさまざまだが、**新たな趣向を体験するなら、観光特急「指宿のたまて箱」、通称いぶたま号**を押さえたい。

列車名は、浦島太郎伝説発祥の地と言われる指宿市最南端の岬、長崎鼻に由来。黒と白のツートンカラーの外観に、発車・停車のたびに出入り口から、浦島太郎の〝玉手箱〟をイメージした白い煙が噴き出す趣向も楽しい。

乗り込むと、車内はまさに竜宮城!? 海や海藻をイメージする青や緑の座席、魚が描かれた柵やパネル、車内には図書館まであり、海に関する絵本や冊子が並ぶ。ベビーサークルも置いてあるので、小さな子供連れのママ、パパも安心だ。

特等席は海側を向いた座席。錦江湾の海と空、雄大な桜島、ぐるり続く大隅半島を満喫できる。予約シート以外の、早いモン勝ちの席だ。

また〝花より団子〟派なら、**車内販売のいぶたま特製グルメ**を楽しみたい。

一番人気は「いぶたまプリン」、クレームブリュレと黒ごまプリンの2層になっており、「いぶたま」の外観を思わせる。玉手箱風の箱に詰められた「いぶたまスイーツ」は、開けると煙が飛び出す……わけではなく、指宿産のそら豆ペーストを練りこんだそら豆クッ

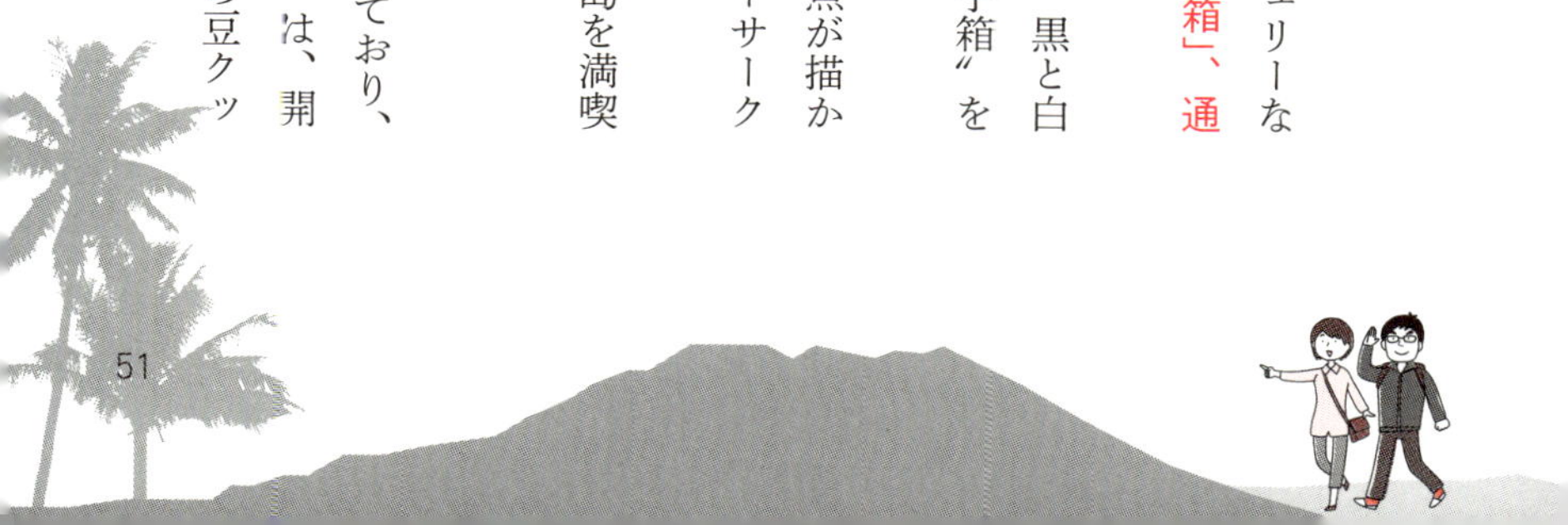

キーと南九州市頴娃町産のお茶のサブレが入っている。実は指宿はソラマメの日本一の産地。覚えておこう。

合わせる飲み物は、鹿児島県産のサツマイモを使用した発泡酒「薩摩ゴールド」。サツマイモの味がする、レアなビールをお試しあれ。飲まない方は、回転式流しそうめん発祥で知られる唐船峡《とうせんきょう》の天然湧水を使用した「指宿温泉サイダー」がオススメ。

この電車をデザインしたのは、豪華寝台列車「ななつ星in九州」で一躍注目を集めた、御存じ水戸岡《みとおか》鋭治さん。デザインもさることながら、ソフトな仕掛けも心憎い。車内では乗務員が、乗客一人ひとりに声をかけて記念撮影をサポート。指宿駅での到着・発車時には駅員や地元の人が手を振って出迎えてくれ、道中も沿線に住む人が笑顔で列車に手を振ってくれる。

水戸岡さんは、かっこいいハードを追求するだけでなく、その地域の人も巻き込み、地元らしさを活かすことも大事にしているとか。南国のあったかなおもてなし。いいね!

もう一つ、指宿に行くならおすすめが、西部に位置する知林ヶ島《ちりんがしま》。

3月から10月の大潮や中潮の日の干潮時に、砂の道（砂州）が出現し、歩いて渡ることができる。「繋がる」というキーワードから、「縁結びの島」とも呼ばれている。

指宿名物
砂むし風呂
300年もの歴史
があり
体の深部を温め、
血液循環を
良くするなどの
いろんな効果があると
されています
というとこで
早速やって
みました!
ザーッ
うっ!!
砂って
メチャ重いっ
オレ…
もう出る
ガマンできねぇ‥
え!?
もう?
こらえ症の
ない人ね〜
ダラ
ダラ
ダラ
私は
もうちょっと
やるから!!
めっ
目がまわるっ…
くら
くら〜
全く…
入りすぎなんだよ…
入りすぎには
くれぐれも
注意!!

霧島神宮で“七不思議伝説”を探る

▼霧島神宮、空気がなんだか澄み渡っていて神々しい。天孫降臨の地だけあって、パワー感じるわー。

▼これが「君が代」の歌詞にも出てくる「さざれ石」か。鹿児島って「君が代」と「日の丸」発祥の地とも言われているんだよね。

▼出た、歴史オタクのウンチク！　でも、知らなかったわー。ますます、なんだかありがたやー。

▼このご神木、樹齢８００年で南九州一帯の杉の木の祖先らしいよ。でさ、ご神木の裏手に回って見上げてみて。何か見えてこない？

▼んっ、んん！　烏帽子をかぶった神官が祈ってる姿が見えてきた！　これは一体!?　（注・枝が神官の姿に見える）

西郷どんの独り言　霧島の日当山（ひなたやま）温泉郷は、オイもよく通った温泉じゃ。宿泊した龍宝家をもとに作った「日当山西郷どん村」にも行ってみてくいやんせ。

指宿で〝海〟を満喫したら、次に行きたいのが〝山〟だ。さすが南北に長い県だけあって、海沿いの南国ムードとは一変。風景、立ちこめる空気もガラリと変わる。

なかでも温泉地としても知られる霧島は、最高峰の韓国《からくに》岳をはじめ日本建国の神話を伝える高千穂の峰など20超もの火山群からなる。日本初の国立公園に認定された地でもあり、坂本龍馬と妻のおりょうさんが、湯治を兼ねて〝日本初の新婚旅行〟をした場でもある。まさに由緒正しきエリアなのだ。

天孫降臨の神話に加え、ここには「七不思議伝説」が伝わる。

5月になると突然、清流と魚が湧き出るという「御手洗《みたらし》川」、山中で種をまいていないのに稲が生える「蒔かずの種」など。森林浴を楽しみながら、神秘なスポット探しもいい。

夏には毎年、世界中の音楽家が集う「霧島国際音楽祭」が開かれる。音楽祭のために建設されたホールは、国際音響学会で「奇跡の音響」とも称賛され、全国の音楽ファンやプロの講師のレッスンを受ける音楽家の卵たちなどでにぎわう。

オープニングコンサート後に、地元の方がボランティアで実施しているおもてなし、「野外ビュッフェパーティー」も人気だ。音楽家もファンも、一緒になって手作りの御馳走とアルコールで交流を深める。音楽好きならば、ぜひ足を運びたい。

住み活×たび活 17

パワースポット・釜蓋神社で願掛けにトライ

▼霧島もそうだけど、もう一つ、今注目のパワースポットがココ、釜蓋神社。勝負運とか、開運とかにご利益があって、スポーツ選手とか芸能人もよく訪れてるんだって。

▼へー、どうやってお参りするの？

▼釜蓋があるでしょ。これを頭に乗せて、鳥居から拝殿までを落とさず歩くことができれば願いが叶うんだって。元なでしこJAPANの澤穂希さんや、中村俊輔さんもお参りしたことで有名になったの。

▼釜蓋を落とさないためには、バランス、体幹が良くないとな。じゃあ、スポーツ選手、圧倒的有利じゃね？　澤さんや俊輔、ズルくね？

▼……やる前から失敗した時の言い訳かい！

西郷どんの独り言　釜蓋神社がある南九州市は、知覧茶はじめ、お茶も名物じゃ。かごっまは茶の生産量で全国2位。地元キャラクターの「お茶むらい」っちゅう、もぜ（可愛い）薩摩隼人もおっど。

南九州市に頴娃《えい》という町がある。「頴娃で使われている方言、頴娃語（えいご）は他の鹿児島人もわからない」などと、古典的かつ個性的な鹿児島弁が残っていることから揶揄されたりする町だが、そこにユニークな神社がある。

釜蓋《かまふた》神社（正式名称は射楯兵主《いたてつわものぬし》神社）だ。

命名の由来は、かつて地元で天智天皇と皇后を迎えるにあたって、大量の米を炊いていた際、急に突風が吹き荒れ、神社の地に釜の蓋が落ちる。この釜蓋を拾い上げ、神様として祀ることにしたことから釜蓋神社と呼ばれるようになったとか。

戦時中は、釜の蓋や鍋を持ったりかぶったりして神社に参拝すると、敵の弾が当たらずに無事に戻ってこられるという噂が広がり、出兵者や家族が多く訪れていたという。

また、武士道・勝負の神様のスサノオノミコトが祀られていることから、多くのアスリートや芸能人が勝負前に訪れ、話題に。お参り法がユニークなこともあって、人気のスポットとなっている。

ちなみに、途中で釜蓋を落としてもご安心あれ。最初からやり直せば、何度でも再チャレンジができる。南国の勝負の神様は、寛容なのだ。

頴娃には、面する海がタツノオトシゴの生息地であることから、日本唯一のタツノオト

シゴの観光養殖所「タツノオトシゴハウス」など、ひと味変わった名所がある。

地元のＮＰＯ法人が移住や観光客を増やすべく、積極的に活動をし、観光客や移住者も増加。民宿やオシャレな店もオープンしている。移住先としても注目の地だ。

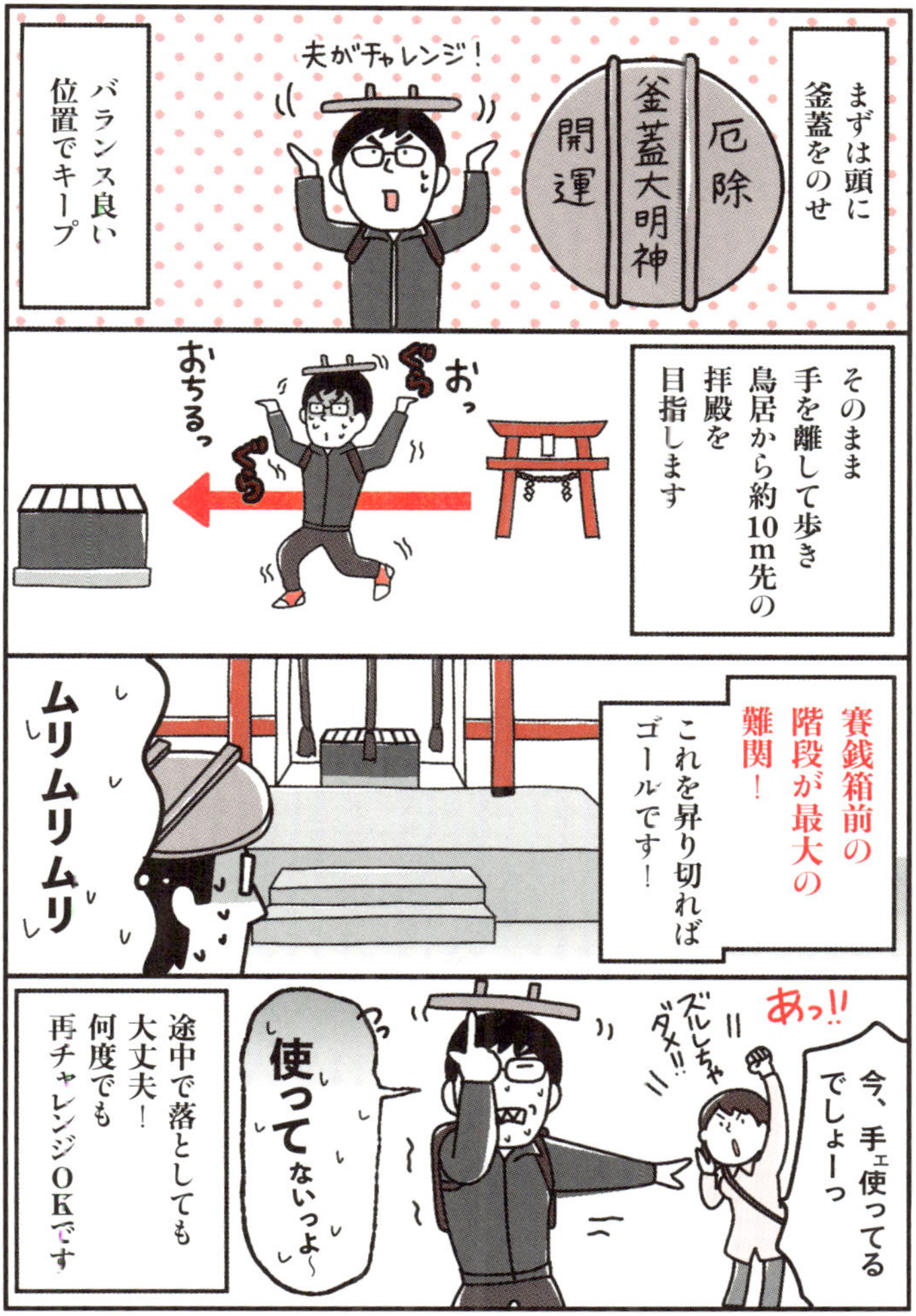
まずは頭に釜蓋をのせ
厄除
釜蓋大明神
開運
夫がチャレンジ！
バランス良い位置でキープ
そのまま手を離して歩き鳥居から約10m先の拝殿を目指します
おっ
ぐら
ぐら
おちるっ
賽銭箱前の階段が最大の難関！
これを昇り切ればゴールです！
ムリムリムリムリ
あっ!!
ズルしちゃダメ!!
今、手ェ使ってるでしょーっ
つっ
使ってないっよ〜
途中で落としても大丈夫！何度でも再チャレンジOKです

活気あるマーケットや直売所をマーク

▼地方のメインのショッピングエリアっていえばやっぱり国道沿いだよね。駅前って大体サビれてるイメージだけど。

▼何言ってるのよ。鹿児島中央駅の駅ビル見た？　「アミュプラザ」っていって、新幹線直結でお土産も豊富だし、若者人気の全国ブランドも多く入っているの。地元の若者も天文館から、シフトしているみたい。家族連れだと、谷山のイオンモールとか、駐車場付きのショッピングモールが人気だけどね。

▼まだまだイオン人気も強いんだな。

▼新幹線開通までは、中央駅は西駅(西鹿児島駅)って呼ばれてて、駅前の朝市もにぎわってたんだけどな。

▼年がバレるぞ(笑)！　てか、これだけ食材が豊富で、漁港も多いんだから、各地でいろんな市場もあるんじゃない？　探しに行ってみようよ。

西郷どんの独り言　「アミュプラザ」ができても、地元で根強い支持があるんが地元百貨店の山形屋。今の市電があるんも、山形屋の支援があったからじゃ。

九州新幹線の終着駅でもある鹿児島中央駅。実はJR九州の駅のなかで乗降客数は博多、小倉に次ぐ3位。今や南九州の玄関口といってもいい。

その駅ビルがJR九州系列の「アミュプラザ鹿児島」。JR九州の商業施設としては、JR博多シティに次ぐ規模で、売上も右肩上がりで推移。観光客向けの土産物コーナーや、鹿児島名物を食べられるレストランも豊富だ。

若者に人気のテナントが多く入っていることもあり、夕方、休日ともなると駅の階段に座っている若者たちをよく見かける。

だが、よりディープな活動を推進するタビスミ隊としては、各地で行われるマーケット、市場に注目したい。

たとえば農業、畜産、漁業が盛んな大隅地方。その魅力を発信するべく、月1回、鹿屋で開かれているのが「食と暮らしのマルクト@おおすみ」（マルクトはドイツ語で市場）。こだわりの食や雑貨などを中心に、毎回30数店舗が並び、にぎわう。

漁港に併設された水産物直売所も多数。常設の市場以外にも、例えば長島の茅屋《ぼや》漁港では、魚の詰め放題や競り体験など、イベント多数の「ながしま恵比寿市」を月1で開催している。開催日に合わせてドライブがてら漁港に行き、地元の食堂とのはしごもいい。

カツオのビンタ料理にトライする

▼今度、ちょっと趣向を変えて、ビンタ料理に挑戦してみない？

▼物騒な名前だな。店のコワモテの主人にビンタされるとか（笑）？

▼違う違う（笑）。標準語では、ビンタは顔を平手打ちすることをいうけど、鹿児島弁ではビンタ＝頭のこと。ビンタ料理はカツオの頭の煮つけ。カツオで有名な枕崎の名物なの。

▼あー、そういえばレイコもレイコ母も魚の頭とかアラとか妙に好きだよな。鹿児島人は身よりビンタが好きだったりして（笑）。

▼それ偏見（笑）。別にみんなが頭を食べてるわけじゃないけど、枕崎は鰹節の生産が盛んでしょ。切り落とした頭もムダなく食べるというわけ。

▼オレはやっぱりビンタより身のほうがいいな……。

西郷どんの独り言　かごっま弁で、「頭に来た」ことを「わっぜ（すごく）ビンタきた」「わっぜビンタくらい」と言ったり、「頭がいいね」を「ビンタよかね」と言ったりすっど。

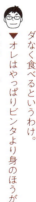

新鮮で美味しい魚には事欠かない鹿児島だが、タビスミ上級者を目指すなら、ちょっと変わった魚料理も食べてみたい。そこでチャレンジしたいのが、**カツオの頭を大胆に煮たビンタ料理**だ。

鰹節の生産で断トツ日本一の鹿児島。その水揚げ港で有名な枕崎のレストラン、土産物も並ぶ「枕崎お魚センター」などでも食べられる。

ドンと皿にビンタがのった姿は、ちょっとひるむが、ツウを気取るなら**目のまわりのとろっとした身をホジホジしたい**。豪快に行くならば骨に思い切りしゃぶりつくべし。ワイルドにローカル気分を味わえるはずだ。

また、カツオのトロの部分である腹皮は、お父さんのダレヤメ（ダレ＝疲れ。焼酎で疲れをとるという、鹿児島でいう晩酌）にピッタリ。心臓にあたる珍子《ちんこ》も焼酎によく合う。

普通の刺身が食べたいなら、**枕崎のブランド鰹「ぶえん鰹」がオススメ**。塩漬けにしていない新鮮な魚を「ぶえん（無塩）」と呼んでいたことから名づけられた。弾力性のあるモチモチとした食感と、臭みが一切ないさわやかな味が特徴だ。

「鰹の刺身、タタキといえば、焼津か土佐でしょ」とは、もう言わせない！

飲んだ後にサラッといきたいのが、**ご当地グルメの「枕崎鰹船人《ふなど》めし」**。**ご飯の上にカ**

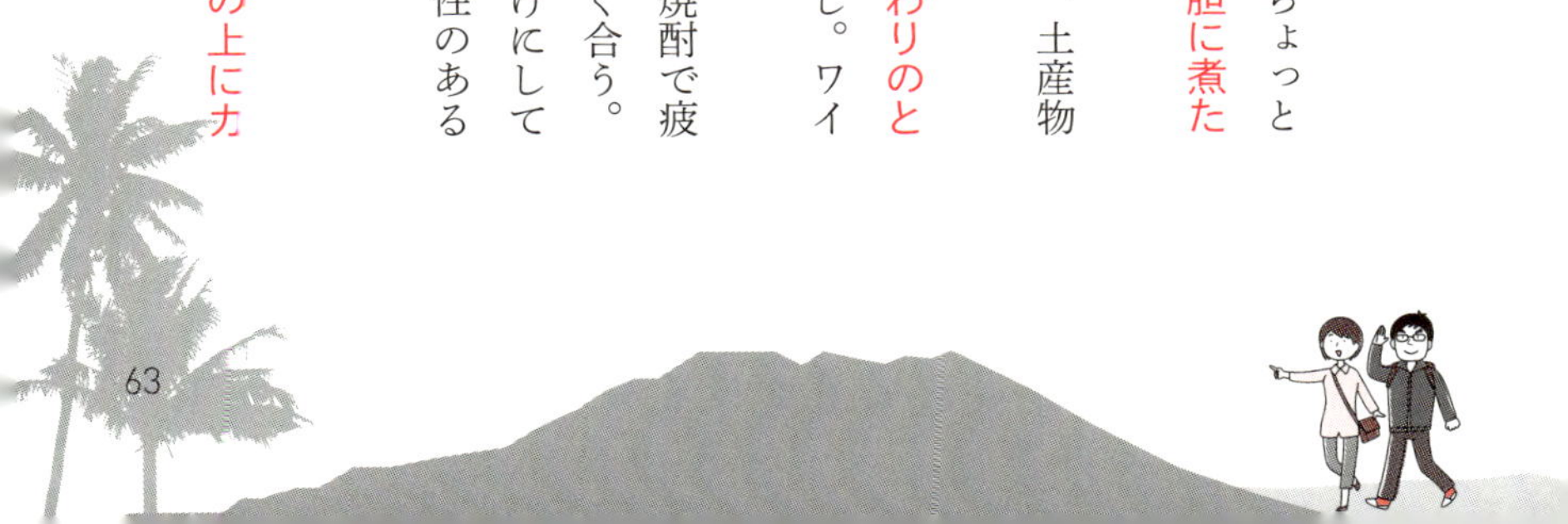

ツオの漬け、鰹節などを載せ、本枯節でとった温かいダシ汁をかけたもの。鹿児島の商店街グルメナンバー1を競う「Show-1グルメグランプリ」で殿堂入りした。

カツオには脳細胞を活性化させるといわれるＤＨＡやビタミンＢ１をはじめ、良質なたんぱく質や鉄分など身体に良い栄養がたっぷり詰まっている。もの忘れが気になる〝お年頃〟にも、味方につけたいご当地魚だ。

ちなみに、最寄りの枕崎駅は本土最南端の始発・終着駅でもある。現在の駅舎は、13年4月に完成したもので、建設資金の大半を市民をはじめとする民間寄付金で建てられたものだとか。集まった寄付金は、なんと約２４００万円にも上るという。

さすが、平成の大合併でも合併をしなかった独立独歩の精神ゆえか。

駅舎には海幸・山幸伝説で知られる山幸彦像があったり、駅前広場にトリックアートがあったりと、遊び心も満載。13年の、グッドデザイン賞をとっている。

列車本数が少ないのが難点だが、街には鹿児島本線の貴重な廃線跡も残る。鉄道マニアなら一見の価値ありだ。

枕崎では毎春、赴任してきた先生方の歓迎会するんだけど
バーン
先生たちは〝背皮かぶい〟というカツオの背皮を模した被り物をかぶらされて
「ビンタ料理」を食べるのね
ドーーン
あっ、ビンタって頭のことでカツオの頭のミソ煮のことビンタはされないから安心して！
先生たちはビンタ料理を手づかみで豪快に食べるのがルールなの！
おそるおそる
あっ！美味しい！
おもしろい風習でしょ～
や…オレ…
イノキに一発ビンタもらったほうがいいかな……

たび活×住み活 20

鹿屋の〝アスショク〟でヘルシーグルメ

▼うまいモン食べ過ぎて、腹周りが気になってきたなあ。地のモノでヘルシー料理が食べられる店ってないかな。

▼私もそう思ってた。で、いい店、見つけたの。鹿屋アスリート食堂、略して〝アスショク〟。全国唯一の国立体育大学の鹿屋体育大学監修の食堂なんだ。

▼体育大学監修なんて、カツ丼とか、カレーとか、デカ盛りの男メシじゃねーの？

▼いやいや、スポーツ栄養学に基づいたメニューで、特徴は野菜メニューが豊富なこと。ご飯を野菜のおかずにも替えられるんだよ。しかも夜はお酒もOK。野菜をアテに健康的に飲めるの。

▼健康的って……結局、酒かい！

西郷どんの独り言　食べたメニューのカロリーや栄養価がレシートに印字されるんも、アスショクの特徴。こげな健康的なメニューを食べちょったら、オイも大久保どんぐらいスマートじゃったかの。

美味しいグルメが豊富なのは魅力だが、体重や血圧が気になるお年頃ともなれば食欲の赴くままに、とはいかない。そんな時にぜひ足を向けたいのが、全国で唯一の国立体育大学、鹿屋体育大学が監修する「鹿屋アスリート食堂」。略して〝アスショク〟だ。

定食メニューは、選べる3つの主菜、汁物、ご飯で構成する「一汁一飯三主菜」。主菜は、「野菜メイン」「野菜と肉・魚・卵」「肉・魚メイン」の3カテゴリーに分かれ、ダイエットロなら「サラダ＋お浸し＋きんぴら」などと野菜メインの3品にするのもアリだ。

ご飯も「アス米」といって、鹿屋産イクヒカリの胚芽米に数種の穀物を配合したオリジナルブレンド米と白米から、気分や健康志向に合わせて選べる。

糖質制限を極めるなら、ご飯をキャベツの千切りなどの野菜盛りに替えることも可能。メニューにはカロリーや塩分・糖分の数値も表示されている。さすがプロ！

県外にも進出しており、東京に4店舗、大阪に1店舗、鹿屋に1店舗ある。夜にアルコールを提供する店もあり、糖質オフビールや糖分ゼロ・低カロリーの焼酎、鹿屋が誇る二大ブランド「大海《たいかい》」「小鹿」も。健康に気遣いながらのダレヤメもOKだ。

鹿屋の飲み放題付き宴会プランでは、地元農家直送の野菜・肉のBBQなども提供。土日祝も営業しているので、仲間や家族でワイワイ楽しむのもいい。

たび活×住み活 21

薩摩焼・自作の酒器で焼酎を楽しむ

▼薩摩焼って知ってる?

▼芸術系は苦手だけど、歴史なら任せろ。秀吉の朝鮮出兵の時に、当時の藩主・島津氏が李朝の陶工を連れ帰って、焼き物を作らせたのが始まりなんだよね。

▼そう。薩摩焼って、藩主に献上していた白薩摩とか一般用の黒薩摩なんかがあるんだけど、この間、居酒屋で出てきた黒薩摩の酒器「黒じょか」で飲んだ焼酎が美味しくって。いつか自分で作ったMY酒器でダレヤメしたいなあ。

▼シブすぎだろ。

▼陶芸体験ができる施設もあるみたいだから、行ってみようよ。まずはぐい飲みあたりから。

▼ようやく〝花より団子〟から脱して、文化的になってきたな。

西郷どんの独り言　黒じょかは、錦江湾に浮かぶ桜島の姿から考案されたデザインで、上の部分が桜島で、下の部分が錦江湾に移る影とされている。極めて薩摩らしい酒器なんじゃ。

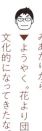

地元の酒を美味しくいただくなら、飲み方、酒器にもこだわりたい。

オススメは、**前日などに焼酎を水でブレンドし（前割）、鹿児島独自の酒器・薩摩焼の黒じょかに入れておく**こと。それを専用の炉などでゆっくり温め、燗をつけるスタイルだ。黒じょかから発せられる遠赤外線の波動によって、焼酎の中に溶け込んでいる余分な空気が抜け、焼酎本来のうまみが楽しめる。使い込むうちにその酒の香りがしみこみ、色つやも出てくる。好みのマイ黒じょかを見つければ、楽しみも一層深まるはずだ。

薩摩焼は文禄・慶長の役に際し、**藩主・島津氏が朝鮮から連れ帰った李朝の陶工たちによって始められた**。ちなみにこの朝鮮出兵は別名「焼物戦争」とも呼ばれ、長崎の有田焼や山口の萩焼も、この時期に始まっている。

なかでも**薩摩焼の特徴は、多様性にある**。陶工たちの出身地や習得した技術の違い、さらに藩主用か民需用か、技術の違いなどによって違いが生じる。

藩主用の豪華絢爛な白薩摩は、幕末から明治にかけて欧米に多く輸出され、１８６７年にはパリ万博に出品。世界に「ＳＡＴＳＵＭＡ」の名をとどろかせた。

薩摩焼の名門「沈壽官《ちんじゅかん》窯」がある日置市美山《みやま》には、製作工程の見学だけでなく、陶芸体験ができる「美山陶遊館」もある。

日本で一番宇宙に近い地で宇宙に思いをはせる

▼種子島といえば、鉄砲伝来だよな。昔、鉄砲を種子島って呼んでたぐらいだし。

▼今、熱いのはロケットよ。ほらっ、キミが好きな池井戸潤さんの「下町ロケット」でも、種子島出てたでしょ。

▼ああ、そういえば！

▼実は日本に2つしかないロケット発射場が鹿児島に集中してるのよ。「種子島宇宙センター」は海岸線に面していて世界一美しいとも言われてるの。もう一つは肝付町の「内之浦宇宙空間観測所」。ここから日本初の人工衛星「おおすみ」、話題になった「はやぶさ」も打ち上げられて、最近では純国産新型ロケット「イプシロン」打ち上げにも成功したんだよ。

▼おー、まさに「下町ロケット」みたいで夢あるな。

西郷どんの独り言　種子島は、鉄砲を作る鍛冶の技術を活かしたハサミ「本種子鋏」でも高い評価を受けちょる。また、南種子町の特産品、インギー地鶏の刺身や料理もわっぜ(とても)うまかど。

宇宙ビジネスが世界的に盛り上がるなか、夢の宇宙旅行が実現間近とも言われている。

とはいえ我々庶民には〝高嶺の花〟。ならば、JAXAの2つのロケット発射場が位置し、日本で一番宇宙に近い鹿児島で、まだ見ぬ世界に思いをはせたい。

最新の話題といえばイプシロンロケット。小型人工衛星用打ち上げ用の固体ロケットで、運用の効率化やコストの低減に向けて改良開発が進められている。13年、内之浦宇宙空間観測所で打ち上げに初めて成功して以来、18年は3号機の打ち上げも成功した。**打ち上げ予定日や、見学場情報は肝付町のHPでも公開**される。近年、見学者増で大渋滞が起きるほどの人気なので、訪れるならしっかりチェックしたい。

種子島宇宙センターは、サンゴ礁に囲まれた岬の突端近くにある我が国最大のロケット発射場。こちらもロケット打ち上げ時には見物客で島内のホテルが満室になる。

センター自体は無料で見学自由なので、絶景を楽しむだけのために行くのもいい。

しかし、なぜ日本に2つしかないロケット発射場が、この地にあるのか。

人工衛星を軌道に乗せるには赤道が近いほうがいいという点や、万一のロケット墜落リスクに対応し、安全を保障する上でも、海に開けている地であることが優位性と言われている。

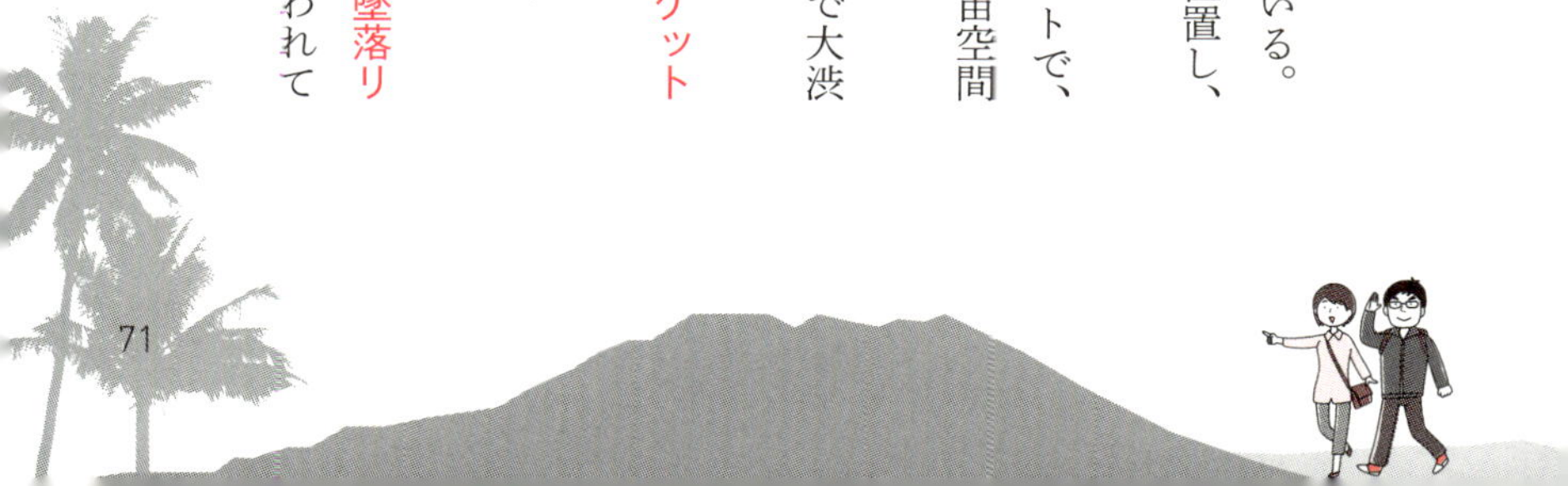

たび活×住み活 23

日本の洋画界の“レジェンド”たちを知る

▼レイコのお父さんって、地元紙の南日本新聞の記者だったんでしょ。どんな記事書いてたの？

▼専門は文化部。とくに地元の画家さんとのおつき合いが長くて、新聞で連載した記事をまとめた本も出版したの。

▼ああ、だから芸術家肌っていうか、ちょっと気難しかったよな。でも、まあ多少は文才を引き継いだってわけか。オレ、芸術分野は疎いけど、鹿児島の画家さんって誰か有名な人いるの？

▼いやいやいや、実は司馬遼太郎さんが「日本の洋画は、鹿児島人によって切り開かれたといっていいだろう」って称したぐらい、人材の宝庫なの。

▼へー、薩摩隼人は幕末だけじゃなくて芸術分野でもレジェンド揃いだったとは……鹿児島、意外すぎる！

西郷どんの独り言　パリに留学した画家も多けおった。薩摩は幕末に使節団を英国にいち早く派遣したり、世界を常に見ちょった。芸術の分野でもグローバル派が多かったんじゃ。

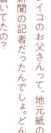

実は鹿児島は、日本の洋画界の重鎮を多く輩出した地でもある。

明治から昭和前半にかけて活躍したのが黒田清輝と藤島武二。2人とも薩摩藩士の元に生まれ、後にパリに留学。東京美術学校（現・東京芸術大学）で教壇に立ち、後進を育てた。同じくパリであの藤田嗣治《つぐはる》（レオナール・フジタ）を師事した海老原喜之助。彼の〝エビハラブルー〟と呼ばれる鮮やかな青の色彩は、錦江湾でよく釣りをしていた原体験が影響しているとも言われる。

その他では、東郷青児、海音寺潮五郎《かいおんじちょうごろう》、和田英作、吉井淳二などが知られるが、鹿児島の自然や風景に魅かれ、ヨソからこの地に住んだり、足しげく通ったりした画家たちもいる。

その一人、栃木出身の田中一村《たなかいっそん》は、50歳で奄美大島に移住。大島紬の染色工として働きながら、島の亜熱帯の植物や動物を描き続けた。その独特の世界観は、鹿児島県奄美パークの田中一村記念美術館で体感することができる。

桜島を愛したのは曽宮一念《そみやいちねん》。東京に生まれ、美術学校では黒田、藤島に師事した。後に富士山のふもと、富士宮に住みながらも、買い手がつきやすい富士山の絵を描かず、桜島の中でも噴石や火山灰を巻き上げる〝火の山〟を一貫して描き続けた。

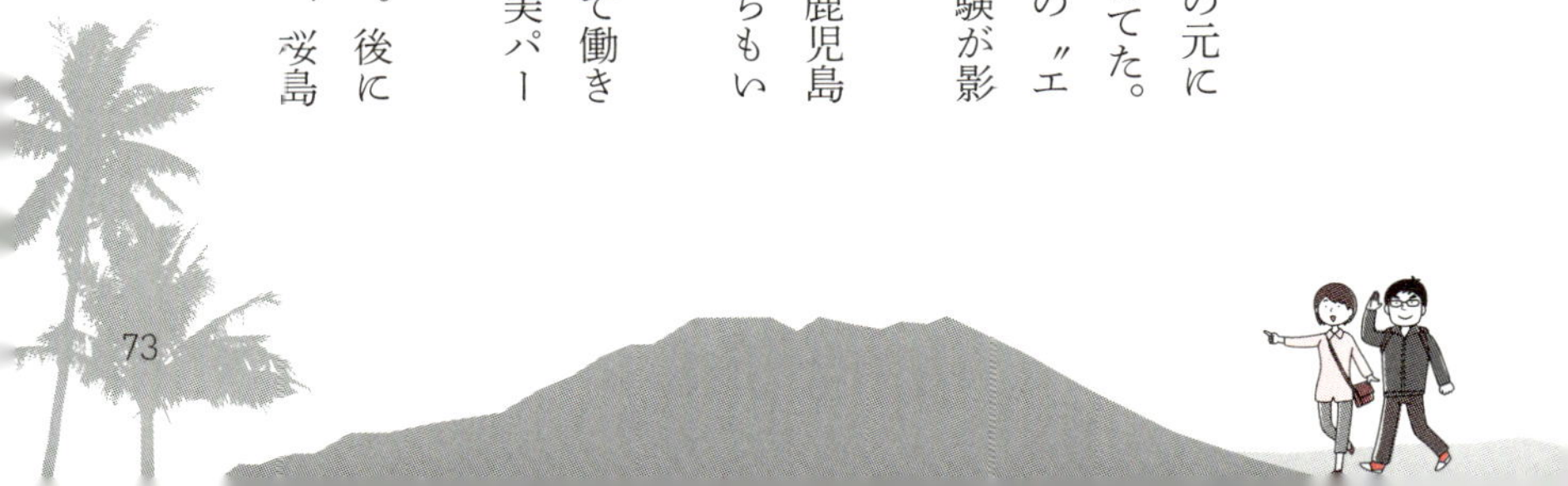

"西郷さん"が愛される理由を考える

▼はっきり言って。地元の人からしたら天邪鬼かもしれないけど、オレは西郷さんより、大久保利通派だけどな。

▼でもやっぱり鹿児島といえば西郷さんびいきでしょ。「おばあちゃんの家に行くと、西郷さんの肖像とか、彼が唱えていた"敬天愛人"って額があった」なんて聞いたこともあるし。まず、西郷さんって呼び捨てされないものね。

▼確かに。無意識的に"さん"づけしてた！　大河ドラマも『西郷どん』だしな。それだけ親しまれてたってことか。でも、大久保って私財を国の事業に投げ打って、莫大な借金を抱えながら暗殺されたんだろ……。西南戦争で、政府軍側で西郷率いる薩摩軍と敵対したばっかりに、イマイチ評価されていないのは、不遇だな。

西郷どんの独り言　「敬天愛人」とは、天を敬い、人を愛すること。オイが尊敬しちょった幕末の儒者・中村敬宇さんから受け継いだ考え方*で、天に対して恥じることがないよう生きるのが大事。

＊諸説あり

歴史上、時代を動かした偉人のなかでも、西郷隆盛ほどドラマ性に富んだ人物はいないかもしれない。

薩摩藩の下級武士ながら、島津斉彬に抜擢されるが、斉彬の急死、および島津久光との反目により自殺未遂も経て、二度も島流しに遭う。だが、一方で多くの藩士に慕われ、その政治力により明治維新を推進するが、征韓論で政府側と対立し下野。最後は不満分子に担ぎ出される形で西南戦争が起こり、非業の死を遂げることとなる。

まさに波乱万丈の人生だが、それゆえかその人生、考え方は謎に包まれているとも言われる。例えば、戊辰戦争では庄内藩に寛大な処分を指示し、西南戦争では決して仲間を見捨てなかった。一方で、冷酷なテロリストの一面を指摘する書物もあり、〝評価が難しい〟という見方もある。

一つ言えるのは、「敬天愛人《けいてんあいじん》」という言葉を好んだように、ベースに愛を持ちながらも、行動すべき時は断固として行動するという正攻法の人ということだろうか。そして基本的に明るく、誰に対してもエラぶることがなかった。不器用にも見えるが、自分たちの利益や他人からの評価を求めなかった。

そこにこの〝義（仁義）の国〟の人たちは、ほのかな誇りを感じるのだろう。

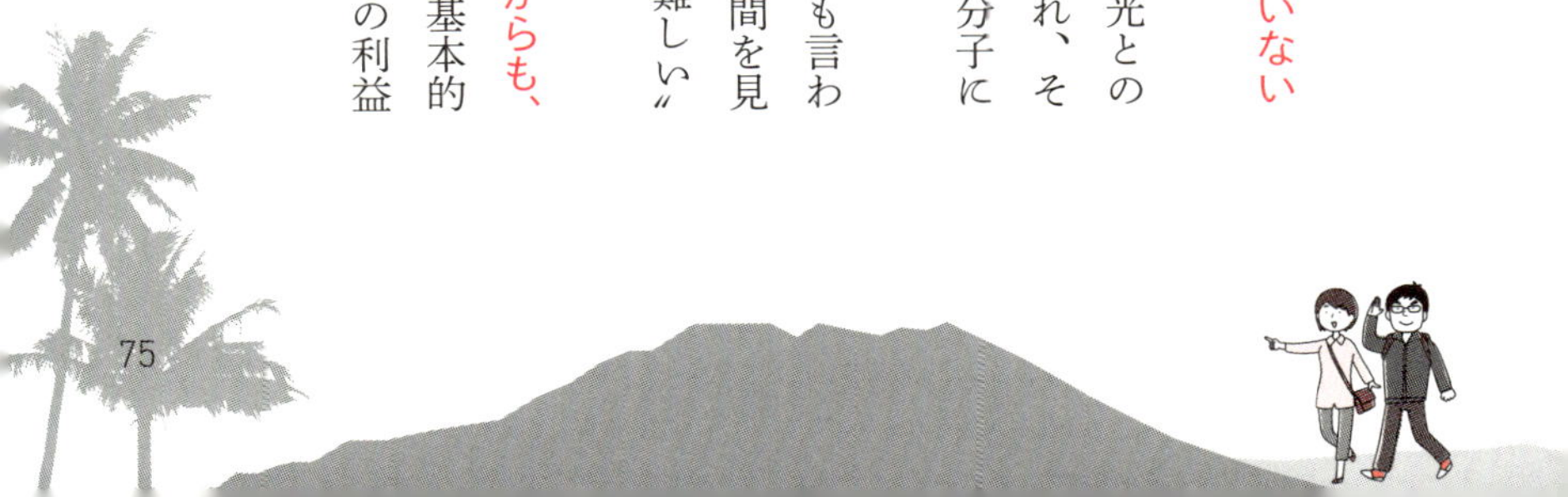

ふるさと納税でも大人気。鹿児島産うなぎをゲットする

▼海なし県の生まれとしては、海の魚には詳しくないけど、うなぎにはウルサイよ。昔、群馬で利根川産のうなぎを食って美味かったなー。

▼いやいや、鹿児島も負けてはいないよ。というか、意外に知られていないけど、養殖鰻生産高全国一。日本一のうなぎ王国なんだよ。

▼マジッ？　うなぎといえば、一般的に思い浮かぶのは浜松とか名古屋のひつまぶしぐらいじゃない？　またもや意外すぎる！

▼実は「ふるさと納税」なんかでも、鹿児島のうなぎが人気なのよ。今度、申し込んでみない？

▼牛、豚、鶏ときてうなぎもか。鹿児島、食材推し強いなー。

西郷どんの独り言　昔は甲突川でうなぎをよう捕れたもんじゃけど、今は稚魚の減少・不漁が言われちょる。うなぎを愛した男としては、ぜひ薩摩にキバッてほしいもんじゃ。

西郷さんの好物として、大河ドラマ『西郷どん』でもうなぎを捕まえるシーンや、河原で焼いて食べるシーンで登場したことが記憶に新しいうなぎ。

といっても、「本場のうなぎを食べに行こう！」というと一般的には浜松、名古屋などが頭に浮かぶかもしれない。

だが、実は鹿児島は養殖うなぎの生産高全国一。実に全国シェアの4割超を占めており、2位以下の愛知、宮崎、静岡（浜松）などを大きくリードする。

養鰻の条件は、温暖な気候、質の良い豊富な湧水、シラスウナギが入手しやすいことが挙げられる。鹿児島は気候はもちろん、シラスウナギがよく獲れ、さらに火山灰大地のミネラルを豊富に含んだ地下水も豊富。すべてが揃っているのだ。

その中でも、町内に十数社の養鰻の会社を擁す大崎町は、まさに日本一のうなぎの町。

その他、志布志、指宿、川内など各エリアが切磋琢磨し、質の高いうなぎを生産している。

ふるさと納税の返礼品としても人気で、ポータルサイトでも常に人気上位にランクインしている。お取り寄せや、ふるさと納税を活用すれば、家にいながらにして、たび活気分を味わえる。

ちなみに西郷さんは、江戸に行ってもうなぎを好んで食べたとか。薩摩では単純に焼い

てしょう油をつけて食べるだけだったが、江戸で知ったのがかば焼き。

そのオイシさに魅かれ、薩摩に帰ってから、家族にかば焼きを作ってふるまうシーンも『西郷どん』で登場した。

京都でも、ふっくら蒸してから焼く関東風のうなぎを好み、江戸からやってきたうなぎ店に通ったとか。**茶亭に愛犬を連れてきて、「犬にもうなぎをやってくれ」と頼んだなど、うなぎにまつわるさまざまな逸話が残る。**

気になるお値段は、江戸ではうなぎ１皿が２００文ぐらい、今で４０００円ほどで売られていたとか。昔は庶民のファストフードだったといわれる寿司よりも、はるかに高級品だったのだ。

そして、近年。うなぎは稚魚の減少・不漁により、〝高値の花〟度を増し、土用の丑の日となると、必ず〝絶滅説〟がささやかれる。

そこへ、新たな朗報が、うなぎ王国から飛び込んできた。

大崎町の鰻養殖大手・鹿児島鰻と観賞魚大手の神畑養魚では、共同で研究を進めてきた**うなぎの人工ふ化に17年、民間企業で初めて成功**したという。

今後は生産の安定化をはかりながら、安全性を含めて研究を進め、流通を目指すとされ

ている。

完全養殖が成功すれば、ブリやカンパチに続き、養殖王国としてのさらなるブランドアップにもつながりそうだ。

たび活×住み活 26

鹿児島弁の"尻下がり"スタイルをマスター

▼おいどんは空腹でごわす！　今日の昼飯は何にすっか？

▼しつこいけど、いまどき「おいどん」とか「ごわす」とか言わないから！

▼確かに大河ドラマのような方言を使ってる人はいないけど、店とかホテルの人と話をしても、言葉は標準語でもイントネーションは出ちゃってるよねー。

▼いわゆる「からいも標準語」ってヤツかな。標準語でしゃべってるつもりでもイントネーションが抜けずに鹿児島人ってバレてしまうという話も聞くね。

▼レイコも鹿児島から東京に転校した時、方言でからかわれたりしたの？

▼ウチは生粋の鹿児島ルーツじゃないから。でも、実際、方言と思わないで使っていた言葉も結構あって、「片付ける」を「直す」とか言って、周囲が「？」ってなってたかも。

西郷どんの独り言　奄美大島などのしょ島部では「島口（しまぐち）」ちゅうて、方言がちご（違う）！　おいも島に行ったときは、最初は慣れんかった。じゃっどん、島の人は島口を大事にしちょる。

『西郷どん』然り、この地を舞台とするドラマが放映されるたび、ネット上で「鹿児島弁がわからない」「テロップが欲しい」などと言われる鹿児島弁。

無論、今どき、ドラマのようなベタな方言を話している人は、お年寄りを除けば、ほぼいない。南九州市の頴娃町では、昔ながらの鹿児島弁が比較的残ると言われ、「英語並みに頴娃語（えいご）はわからん」などと揶揄されたりもするが、それでも若い世代で〝かごっま弁ネイティブ〟は希少だ。

とはいえ、街中の地元っ子の会話に耳をすますと、若者の間でも独特のイントネーションが耳に残る。**地元っ子との交流を深めるなら、コミュニケーションギャップが生まれぬよう最低限のルールは押さえておきたい。**

特にハードルとなるのは、**音の上げ下げが標準語の真逆になることが多い**こと。そのなかでも誤解を呼びがちなのが「質問文が尻下がり」になるケースだ。

たとえば、「どこ行ったの？↑」。標準語なら尻上がりになるところが、鹿児島弁だと「どけ行ったか（な）？↓」と下がる。

標準語風に丁寧に話したとしても、「○○ちゃん、もう来た？↓」「これ、食べてみる？↓」「何がほしいの？↓」という疑問文も、尻下がりになることが多い。

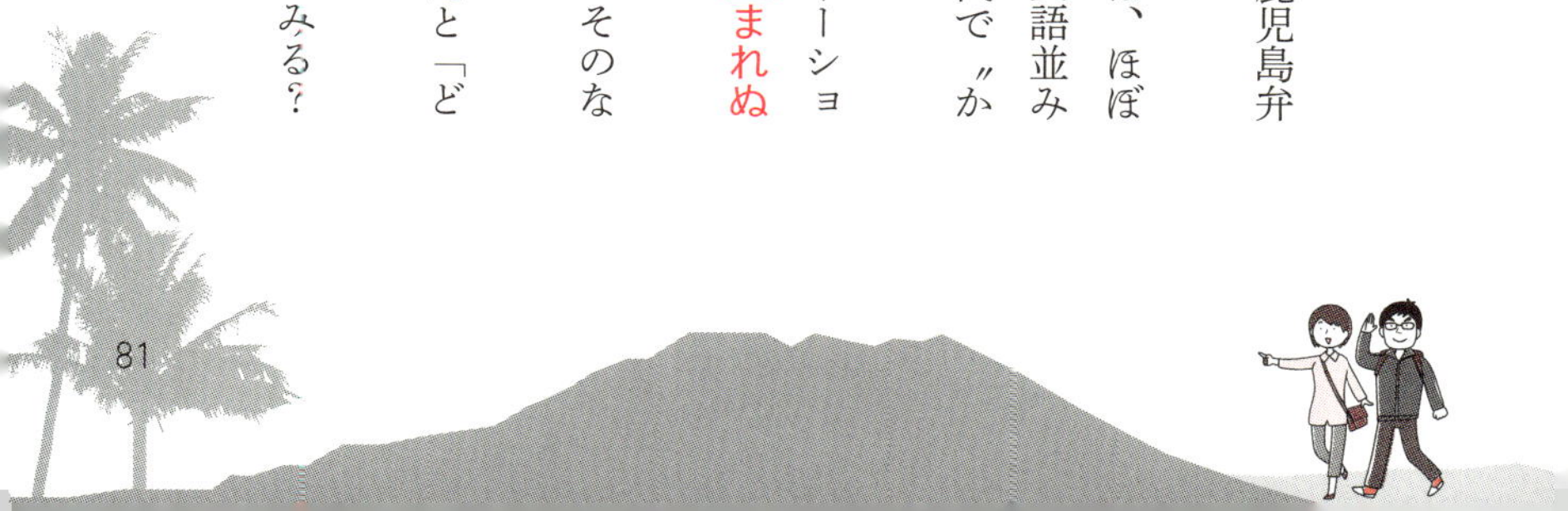

初めて鹿児島弁に遭遇した場合、**質問されているのを気づかず、スルーしてしまうリスクも。あるいは、「何が欲しいの！」と、問い詰められているようにカン違いしかねない。**

また、**「行く」と「来る」が正反対の意味で使われることも**あり、「今からそっち行くわ」が「今から来るわ」になったりする。

「○○をあげる」を「○○をくれる」と逆に言うケースも。なかなか紛らわしい。

音の変換、音便化にも特徴がある。

「コレが→コイが」「ソレが→ソイが」などと、**鹿児島弁ではラ行がイ音になることも多い。ナ行が、「どうにか→どげんか」「耳の穴→ミンアナ」「山の中→ヤマンナカ」などと発音がンになるのも特徴**だ。

日本のなかでも、津軽弁と並んで難解度が高いという位置づけで、「スパイ活動を見破るために難解にした」「他藩の人間に話していることをわからないように暗号化した」などという説もあるが、コレはさすがに俗説に過ぎない。**江戸から遠く、外との交流が禁じられていたために、独自に言葉が進化していったというのが定説**だ。

※それぞれ「あっ！（感嘆詞）」「汚ないっ！」「しまったー」の意味

あいづちは「ですです」

▼屋台村で店主の人と雑談してる時に、気になって仕方なかったんだけど、やたらあいづちで「ですです」って言うよね。

▼昔はあんまり聞かなかった気がする。新しい方言かな。一瞬、丁寧な標準語っぽいからトリッキーだよね。

▼あと、街中で若い子たちの会話を聞いて、気になったのが、あいづちの「だからよー」。「だから、こういう理由でさ」って、次の会話が続くと思ったら、そのまんま。落ち着かなくて「だから、ナニ!?」って突っ込みたくなったよ。

▼相変わらずオチに厳しい男（苦笑）。そこは追い込まんと。鹿児島流にテゲテゲ（適宜）で流してくいやい（笑）。

西郷どんの独り言　島では言葉も違えば、歌われる島唄も変わちょっど。奄美大島では地元出身の歌手・元ちとせさんの歌が全国区になったけど、与論に行くともっと明るい沖縄民謡に近くなるんじゃ。

鹿児島の方言の特徴に、英語に使われるような表現も見られる。本来、発音するはずの音をのどで飲み込み、小さい「ッ」が入ったスタイルだ。

たとえば、「行こう」が「行っが！」「行っど！」となったり、「かごしま」が「かごっま」、「何するの」が「ないすっと」、「その事」が「そんこっ」となったりする。P118で紹介する夏のお祭り、六月灯は「ロッガッドー」という、もはや祭りの名前とは思えないワードになる。

一方で、ニューウェーブな方言も押さえておきたい。

あいづちで使われる「ですです」だ。「そうです」「その通りです」といった同意語で、方言の「じゃっ、じゃっ」という同意の繰り返しワードが、現代風に丁寧語化したと言われる。もう一つの同意ワードが「だからよ〜」。これも方言「じゃっでよ」が現代語化したといわれ、話の中で「そうだね」「そうそう」といった意味で、会話に登場する。

標準語では「だから……ナニ？」と次を促したくなるが、問い詰めて、地元っ子を困らせないように。ちなみに、あいづちの「だからよ〜」は、沖縄でもよく使われる。

県外の人には方言を使わない地元っ子も、方言と「気づかず」使っていることが多い。ジモティとのコミュニケーションを円滑にするワードとして会話に取り入れたい。

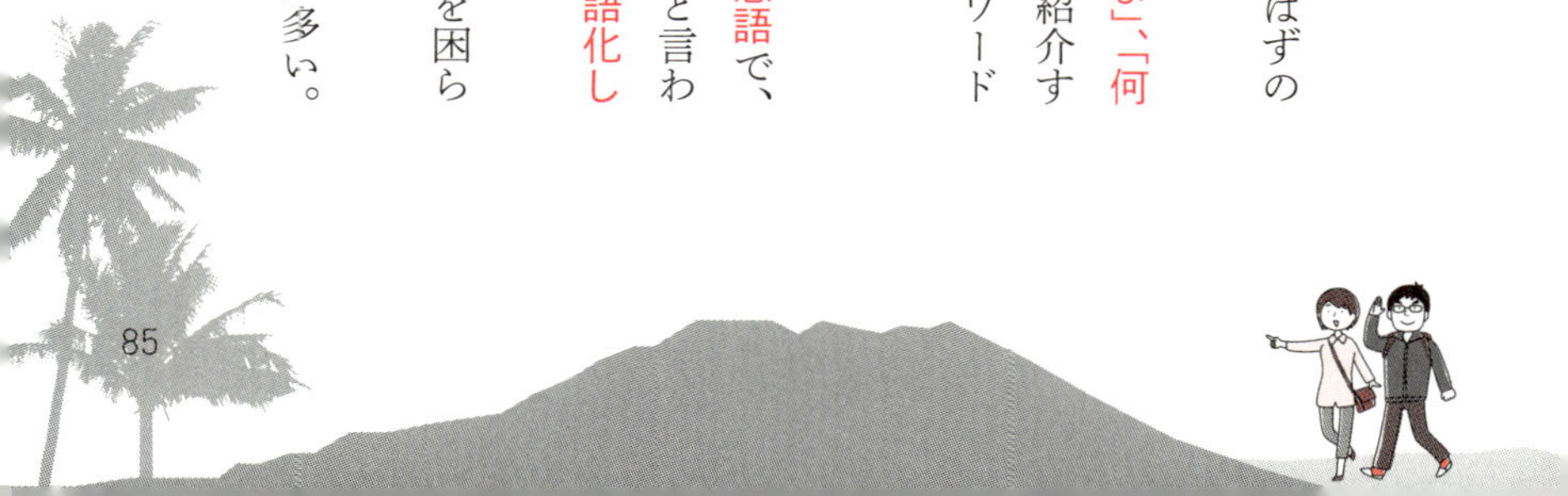

天気予報では“風向き”が大事と知る

▼テレビで天気予報つけたら、風向きをすごい詳しくやってたんだけど、コレ、全国的にも珍しいんじゃないかな。

▼そう？　東京でも南東の風とか、北西の風が吹いて、とかやってるじゃん。

▼それは風向きや季節風の関係で、気温や天気が変化するという予報でしょ。鹿児島はもっと切実なの！　風向きで桜島の灰が鹿児島市内方面か、大隅半島のどっちに降るかが決まるんだから。洗濯物を外に干していいかも決まるんだから！　洗車すべきかもう少し待つべきかも決まるんだから！　だいたい洗車した直後に、灰が降るっていうジンクスもあるんだから！

▼わ、わかったよ。桜島のご機嫌次第で、その日の行動が決まるってわけか。鹿児島の気象予報士、めちゃ責任重大だな。

西郷どんの独り言　桜島は、五社大明神社（月読神社）に祀られているコノハナサクヤヒメに因んで「サクヤ島→サクラ島」となったなど名前の由来は諸説ある。市道沿いの桜並木は見ごたえあっど。

鹿児島では、テレビなどの**天気予報の際、必ず桜島上空、霧島上空の風向きの予報が出される。それによって、噴火した際の灰が、どのエリアに降り積もるかが決まるゆえ**だ。

この地に暮らす上では、洗濯物を干すか否か、洗車のタイミング、さらには来ていく服や持ち物などを判断する大事な指標となる。毎朝のチェックが肝心だ。

大前提として押さえておくべきは、季節によってある程度のルールはある。**春から夏は、桜島の西側、つまり薩摩半島方面に降る**ことが多い。一方、**秋から冬にかけては、その逆で大隅半島方面へ**行くというのが基本だ。とはいえ、時折、イレギュラーもありうる。桜島のご機嫌次第というところだ。

よって、雪国の人が雪対策に気を遣うように、火山国の降灰対策にも、ちょっとした生活の知恵が必要となる。

例えば、**灰をかぶったメガネはゴシゴシこすってキズつけないよう、水洗い**する。**コンタクトレンズは使い捨て**にする。**車はフロントガラスの積もった灰を飛ばす加圧式スプレーやエアダスターを常備**しておくといい。

家やアルミサッシの掃除も水をまいて流そうとすると、排水溝が詰まったりする。まずははいて集めて、克灰袋《こくはい》（Ｐ88参照）に入れて処分するのが基本だ。

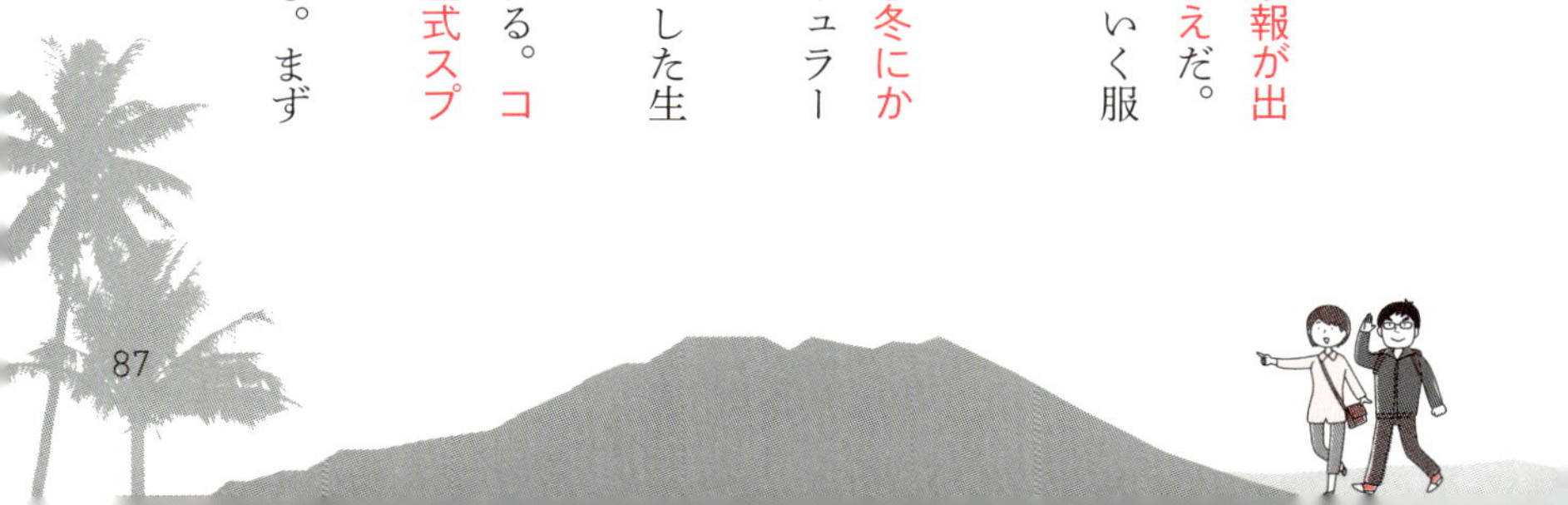

灰干しに"克灰魂"を感じる

▼街中に土のうみたいなのが積み上がってるじゃん。アレ、何？

▼火山灰用のごみ袋で、克灰袋。鹿児島市では燃えるゴミとか不燃ゴミなんかに加えて、火山灰の収集も行われてるの。

▼へー、"克灰"とはまたネーミングがスゴイね。

▼積極的に降灰を克服しようという意欲が込められているんだって。でもね、灰は悪者なだけじゃないの。驚くなかれ、灰を活用した干物（灰干し）があったり、溶岩で肉を焼く溶岩焼きがあったり、なかにはお土産用に灰を缶詰にしたり、とポジティブにも活用されているの。

▼まさに克灰魂か。鹿児島に住むなら、オレたちも灰の有効活用を考えて新しいビジネス当てるか！

西郷どんの独り言　04年に桜島で行われた薩摩隼人の長渕剛どんの桜島ライブは、オイにも負けんこつ"伝説"になっちょう。集まった観客は7万5000人、経済効果は50億円とか。こい（れ）ぞ克灰魂。

鹿児島市内を歩いていると、道路の一角に黄色の袋が積み上がっているのをよく見かける。その様は、まるで工事現場の土嚢のようだが、中に入っているのは土ではなく桜島の灰だ。

各家庭で集めた灰を、市が配る指定袋、名づけて克灰袋に入れ、宅地降灰指定置場に出すと、業者が順次回収。埋め立て処分される。

灰にまつわる問題は「洗濯物が外に干せない」「車が汚れる」「コンタクトレンズの敵」といったことだけでない。道路に堆積した灰は交通車両の視界の妨げや、スリップなどの原因にもなる。

こうした諸々の課題を解消すべく、78年から灰の回収事業がスタート。85年から専用袋の配布を行なっていたが、以前は降灰袋と呼んでいた。91年4月より、降灰に強い都市を目指すという意思から、現在の名前に改名されたという。

ただし、灰は〝厄介モノ〟なだけではない。

その一つ、鹿児島には灰干しという火山灰を活用した干物がある。古来より保存食を作る方法として行われてきた製造法で、特殊加工した低温の火山灰で長時間かけて水分を魚から均一に脱し、干物にする。魚の組織、成分を変化させず、身はしっとり。魚の旨みが

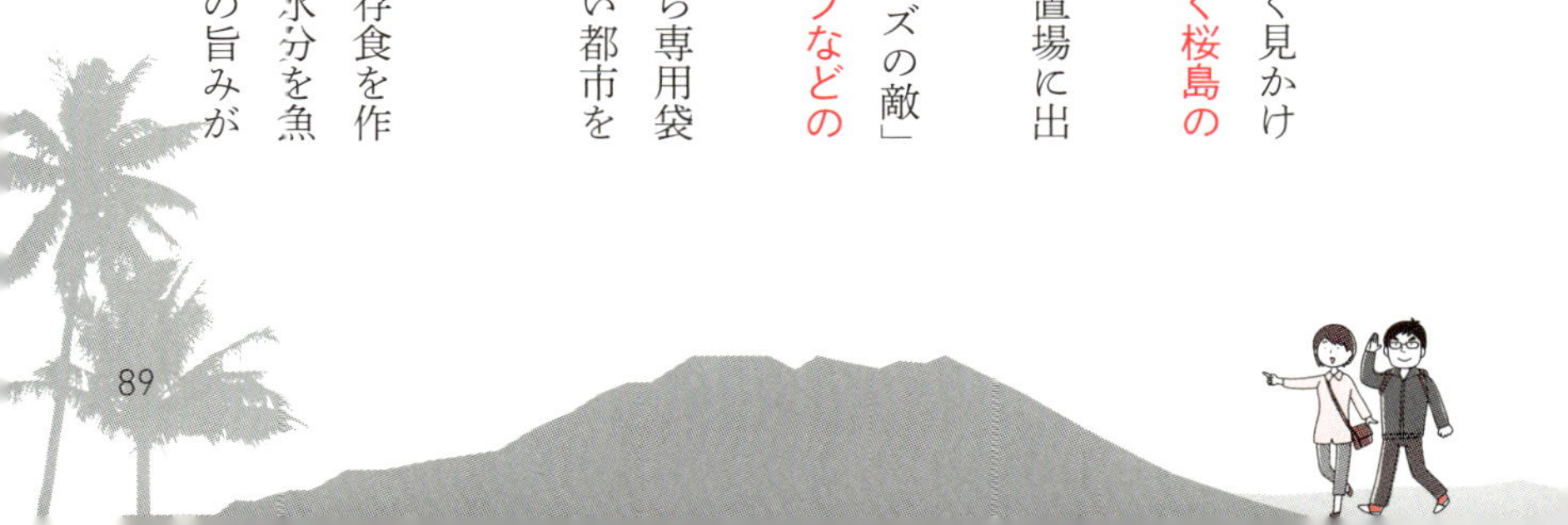

凝縮され、灰を使ったとは思えない上品な味わいになる。

また、「溶岩焼き」といって、溶岩を使ったプレートで、地鶏焼きや焼肉を楽しむ料理も。溶岩石は遠赤外線放射率が高いため、肉の表面をこんがり、中はふっくらジューシーに焼き上げる。

灰のお膝元、桜島でもユニークな体験コースが設けられている。「桜島溶岩センター」では、溶岩プレートを使ってピザを焼く「溶岩ピザ窯×溶岩ピザ作り」が可能。海辺を掘って、自分だけの〝足湯〟を作る「桜島天然温泉掘りツアー」なるものもある。

その他、灰の除去作業、灰とりを競技化し、地域活性化に活かすイベント「スポーツ灰とり（スポ灰）」が垂水で開かれたり、火山灰を入れて作ったお手玉で行う玉入れ競技、「スーパーハイ（灰）ボール」という新たなスポーツが姶良地区で開かれたりと、各地でユニークなイベントも行われている。

近年、自然災害が多発するなか、火山灰と上手に付き合うこの地の人々の生活の知恵、参考にしたい。

鹿児島には
スーパー灰ボール
っていうのがあってね
何!?
スーパー
ハイボール!?
超
ハイボール
ハイボール好き
早速いこう!!
ワーワー
!?
ワー
ほら!
高得点
狙うわよ!
ワー
ワー
2点
1点
2点
スッ
スーパーハイボール
…???

最強ご当地スーパー「A-Z」をチェック

▼住むんだったら、やっぱり便利なスーパーがあるかどうかって大事だよな。

▼鹿児島市南部の谷山エリアが、今熱いみたいね。イオンモールとかオプシアミスミとか、ヤマダ電機、ケーズ電機、フレスポジャングルパークにはシネコンもあるし。私が小さいころは鴨池のダイエーに行くのが唯一の楽しみだったけど……ってまたもや年バレる（笑）。

▼オレ、昔、テレビの「カンブリア宮殿」で、鹿児島の「A-Z」っていうスーパーが紹介されてたの見た記憶があるな。

▼そうそう、私も「A-Z」ってスゴイらしいって聞いた。生活必需品は「AからZまで」、つまり何でも揃う。車まで売ってるんだって！

▼イオンも目じゃないねぇ！

西郷どんの独り言　中小企業庁が選定する「新・頑張る商店街77選」にも認定された宇宿商店街など、小さな商店街も地元密着でがんばっちょっど！

イオンモールや「アミュプラザ」など、大型資本が勢力を伸ばすなか、「地元を応援する」をモットーとするタビスミ隊として、見逃せない地元スーパーが「A‐Z」だ。鹿児島県内で阿久根、南九州の川辺、霧島市・隼人の３店舗の展開だが、鹿児島市内からでも車を飛ばして行く価値はある。

何せ品揃えは国内最多の約38万アイテム。集客数年間約６５０万人、しかも年中無休・24時間営業だ。まず、品揃えで驚かされるのが車。国産全メーカーがそろうというからスゴい。川辺店には日本初の24時間年中無休の車検工場（セルフガソリンスタンドを併設）も開設。最も敷地が広い「A‐Zはやと」には、桜島天然ラドン施設まである。

鹿児島人がこだわるしょうゆも、地元ならではの甘めから辛口まで２００種類超をラインアップ。他のスーパーではまずないであろう仏壇や骨とう品など、ドン・キホーテさながら、「何が売っているか」を探すのも楽しい。

といって、奇をてらっているわけではない。あえて〝利益第二主義〟を掲げ、最優先するのは「お客様のニーズ」。ここに来たら欲しいものがすべてそろうというのが小売業の役目という考えからだという。地域の社交場としての役目も担っており、毎日通うファンも。広い店内をウォーキングがてら歩き回り、ジモティの友達を作るってのもアリだ。

生産量トップの新鮮野菜を知る、食べる

▼鹿児島って、なんとなくサツマイモしかとれないイメージがあるなあ。

▼また歴史通だからといって、いつの時代の話？　もちろん全国でシェア4割を占めているサツマイモは生産量1位だし、消費量も断然トップだけど、それだけじゃないの。実は鹿児島は全国屈指の農業県。たとえば、ソラマメの生産量は1位。知らなかったでしょ？　他にも全国生産量トップクラスの野菜が多いのよ。

▼ソラマメ……思いつきもしなかった……。畜産も盛んなら、畑作も盛ん。京野菜とか、加賀野菜みたいに、もっと知られてもいいよなー。

▼桜島大根や安納芋なんかは有名なんだけどね。金額で見ても、畜産も含めた農業生産額では1位北海道、2位茨城に次いで3位。優等生でしょ。

▼あとはPR力か～……。

西郷どんの独り言　ちなみに球根類でも生産量1位、切花類は5位。芝生の栽培面積でも全国2位。庭園づくり、ガーデニングでも鹿児島は力強い味方じゃっど。

生活の場として選ぶなら、なるべく〝地産地消〟で安全・新鮮なモノを食べたいもの。その点、鹿児島は知られざる生産量トップクラスの野菜の宝庫。日本の〝青果市場〟的存在といっていい。

ざっと挙げていくだけでも、全国1位の生産量を誇るのがサツマイモ、ソラマメ、さやえんどう、オクラ、らっきょう。2位に挙がるのが、さとうきび、荒茶、かぼちゃ、たけのこ。ジャガイモ、さやいんげんは3位。ピーマン4位、サトイモ6位といった具合だ。

フルーツも豊富。タンカンとパッションフルーツが全国1位、キンカン、ビワが第2位、マンゴーが第3位。南国ならではのトロピカルなラインアップだ。

サツマイモしかり、シラス台地で稲作に不向きだった弱みを逆転の発想で、畑作に活かしたのか。畑の面積も、全国で2番目の広さを誇る。

その割には、静岡茶、宮崎マンゴーなどと比較して、ブランド力がやや弱めなのはザンネンだが、全国的ブームになった野菜もある。

サツマイモの「安納芋」だ。

サツマイモが琉球から伝来した地、種子島産で、肉質がねっとりしており、甘味が強い。安納芋を使ったタルトやケーキも人気で、お土産にも喜ばれること請けあいだ。

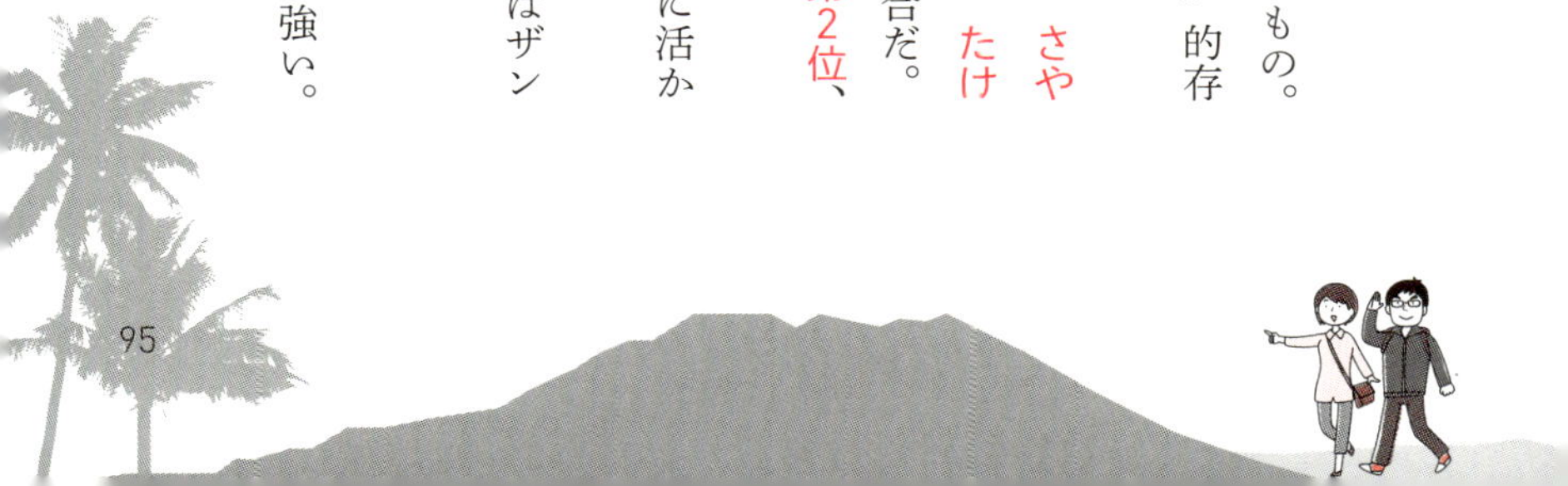

呑ん方前に〝温泉天国〟を満喫する

▼レイコどん、恒例の呑ん方行こかい。

▼チッチッチ。甘い！　鹿児島で美味しく酒を飲むなら、上級コースは〝呑む前に入る〟。まずは温泉に行くのが正解じゃっど！

▼すっかりエセ鹿児島弁が板についちょっど……てか、鹿児島で温泉といえば霧島、指宿ぐらい？　そもそも大分みたいなおんせん県のイメージ、ゼロなんだけど。しかも繁華街に温泉なんてあるわけ？

▼ない（なに）を言うちょっど。鹿児島は全国でも有数の温泉の宝庫で源泉の数も大分に次いで全国２位なのよ。県民が日常的に温泉を楽しめるエリアとしては日本トップクラスなんだから。

西郷どんの独り言　オイは、趣味の狩りや釣りをした後、温泉によう行ったもんじゃ。病気の治療や体調の管理にも温泉はぴったり。激動の幕末時代から、癒しの場として親しまれておったんじゃな。

実は鹿児島は全国でも穴場な温泉天国。もちろん霧島や指宿など、温泉で有名な観光地も多いが、**タビスミ隊として注目すべきは市街地に位置する銭湯**だ。

銭湯？　と侮るべからず。**鹿児島は銭湯すべからく温泉**。県内に100の温泉地があり、源泉数は2700ヵ所超で全国2位。火山が多いエリアだけあって、〝ここ掘れワンワン〟で、あちこち温泉がグラグラ湧いているのだ。鹿児島市内も県庁所在地ではトップレベルで温泉を利用した公衆浴場が位置する。

東京でもジェット湯や露天風呂などがついているスーパー銭湯は豊富だが、ややお高い。**鹿児島はワンコインもあれば温泉を堪能&サウナも楽しめ、湯上りの牛乳まで充分イケる施設も多い**。

しかも、プラッと思い立った時に気軽に行けるのがいい。

たとえば、鹿児島きっての繁華街、天文館に位置するのが「霧島温泉」。同じく天文館近くの「かごっま温泉」は、塩湯まであって24時まで営業。まさに〝呑む前に入る〟が手軽に実現する。

鹿児島中央駅近くにも市街地一と言われる泉質を誇る「みょうばんの湯」がある。仕事で出張に来たサラリーマンも、帰りにひとつ風呂&かけつけ三杯の「超速ダレヤメコース」

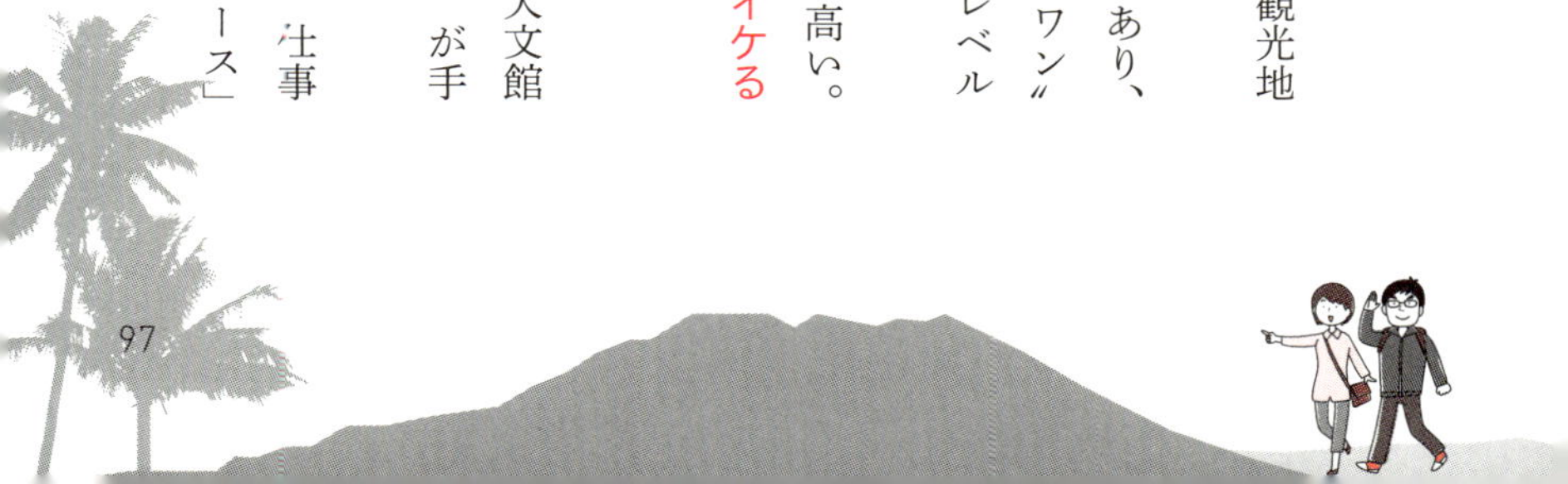

で、新幹線に飛び乗るのもアリだ。

「家族湯（家族風呂）」といって、家族や友人、カップルで使える貸し切り風呂を備えている施設も多い。関東にも温泉宿に宿泊客が利用できる貸し切り湯はある。だが、鹿児島には日帰り専用の家族風呂が県内150ヵ所ほどあるのが珍しい。

実は**家族湯の元祖は鹿児島**と言われている。西郷さんや、坂本龍馬と妻のおりょうさんが新婚旅行で滞在したと言われる鹿児島・霧島の日当山温泉が発祥の地。馬の競り市があって宿場町として栄えていたことから、「仲間同士が一緒に入れるように」と貸し切り湯ができたのが最初らしい。

家族湯も時間当たり1000〜3000円程度で使える低料金。中には数百円のコスパ抜群の施設も。複数人で使えば、銭湯に行くより安い。小さい子供がいるママとパパも、役割分担しながら家族でゆっくり銭湯を楽しめる。

もちろん、職場の人間とも、ゴルフに行った帰りにちょっとひとっ風呂、あるいは先人に倣って、ひと仕事終わったに温泉でゆっくりなんて〝裸の付き合い〟も良し。温泉ソムリエとして地元で著名な六三四《むさし》さんのブログ「鹿児島温泉観光課六三四城」にも、県内オススメの温泉情報が掲載されている。

えっ!!今さら2人で!?
…なんかそのりアクション傷つくなあ〜…
夫婦の湯

たび活×住み活 33

海外の"友人たち"に思いをはせる

▼鹿児島ってパース通りやらマイアミ通り、ナポリ通りとか、キラキラネームみたいな通りが目につかない？

▼キラキラネームとは失礼ね。3都市とも鹿児島の姉妹都市よ。ナポリは活火山を湾ごしに臨む街中の景色が似ていることから、姉妹都市の盟約が結ばれ、鹿児島市は「東洋のナポリ」とも呼ばれているの。前にナポリを旅行した時、似てるって思ったんだ！

▼そうだっけ……。

▼どうせ美味しいピザ屋探しに気を取られてたんでしょ？　あとね、指宿は東洋のハワイ、大隅半島は日本のフロリダ、伊佐市にある曽木（そぎ）の滝は、そのスケール感から東洋のナイアガラと呼ばれてるし、あとは……。

▼ちょちょちょっ、いくらなんでも欲しがりすぎじゃない、鹿児島!?

西郷どんの独り言　欧米では温州ミカンをSatsuma（サツマ）と呼ぶ。日本の僧侶が中国・温州から長島町に種を持ち帰り、できたみかんをアメリカ大使館員が土産として持ち帰ったのが由来じゃ。

近年、鹿児島の街を歩いていて気づくのが、外国人観光客の数が多いこと。全国的にインバウンド旋風が吹いているとはいえ、**鹿児島は、豪華客船での来客が多いのが特徴**だ。17年のデータを見ても、「マリンポートかごしま」（鹿児島港）の観光客船の寄港実績は108船。船籍を見ても、日本籍の船はそのうち11。大半が外洋クルーズ船だ。船が寄港するたびに数千人規模の観光客や乗務員が上陸し、観光やショッピングを楽しむ。そのたびに起こる交通渋滞が社会問題とされるほどで、経済効果は大きい。空の便も、台湾や香港の定期便が増えており、外国人宿泊者数では両エリアの割合が半数を超す。

そもそも、**鹿児島は日本最南端で海に囲まれ、キリスト教や鉄砲が伝来したコスモポリタンシティ**。

他藩に先駆けて、英国留学も行なわれ、その中のメンバーには、カリフォルニアでワイン醸造を成功させ、**「ワイン王」と呼ばれた長澤鼎のような国際派**が多い。キリスト教を伝えたフランシスコ・ザビエルにちなんだザビエル公園など、海外を感じさせる地名やモニュメントも目につく。

欧米だけでなく、鹿児島には唐人《とうじん》町、唐湊《とそ》、唐船狭と唐という文字を含む地名が20近くあり、唐人（中国人）が多く住んでいたという説もある。

古くから伝わる地元の銘菓、高麗餅《これもち》もその名の通り、朝鮮半島にルーツがある。薩摩藩が秀吉の朝鮮出兵の際に連れ帰って薩摩焼を作らせた陶工たちが、祖先をしのんで苗代川に玉山神社をまつり、高麗餅を供えたという。

よって、姉妹都市の関係から「ここは外国か？」と突っ込みたくなるような通り名が書かれた標識があっても驚くべからず。

パース、マイアミについては、温暖な気候や海外の玄関口として機能しているなどの類似点から盟約が結ばれたという。

ちょっと意外なところでは、**離島の三島村は、西アフリカのギニア共和国と伝統打楽器・ジャンベを通じた国際交流を行っている。**小さな村単位でアフリカとの交換留学を実施しているようなケースは珍しい。

ジャンベについて学べるアジア初のスクール「みしまジャンベスクール」も設立され、誰でもジャンベを体験することができる。

鹿児島市内では外国人観光客の増加を受け、ビジネスホテルが急増しているが、ついに初の外資系ホテル、シェラトンホテルが上陸予定。市交通局跡地に建設予定で、22年の開業を予定している。

20年の東京オリンピック・パラリンピックに向け、東京では〝日本式おもてなし〟の準備が進められている。本土南端の地でも、国際都市の先鋒として外国人観光客との〝かごっま流おもてなし〟がますます盛んになりそうだ。

西アフリカ・ギニアの
伝統打楽器
「ジャンベ」
世界的に有名な
ジャンベフォラ（ジャンベの神様）
「ママディ・ケイタ」氏が
2004年 アジア初の
ジャンベスクールを
鹿児島三島村に開校
みしまジャンベスクール
TTMA (TamTam Mandingue Djembe Academy)

土曜朝は ローカル番組で 地元ネタをチェック

▼ねえ、天気もいいし、せっかくの週末なんだから、早く出かけようよ。

▼いやいや、土日の朝はあえてゆっくりローカルの情報番組を見て、地元ネタをチェックする。これこそがタビスミ隊のキホンでしょ。

▼あっ、今、テレビに出ている野口たくお君って実は高校3年の時、同じクラスだったんだ。私、転校生だったから多分、向こうは覚えてないと思うけど……。

▼すげーじゃん。有名人と同級生。

▼もっと仲良くしておけば……。

▼ゲンキンだな……。でさ、さっき調べてて気になったのが、「さつま狂句」って読者投稿型の番組。鹿児島弁の俳句講座の番組なんて、鹿児島弁をマスターするなら、日曜朝はマストでチェックだな。

▼いや、シブすぎるでしょ……。

西郷どんの独り言　薩摩狂句いうんは、鹿児島の郷土文芸の一つ。お国ことばで日常的な喜怒哀楽や社会風刺などを17文字で謳うもん。独特のイントネーションもあって、おもしてか(面白い)ど。

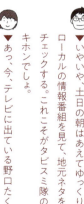

その地について深く知るならば、ガイドブックや観光案内所のパンフ、自治体のＨＰなどを参照するのもいい。だが、地元密着型のライブかつホットなネタを拾うなら、地元のことを何より知るローカルメディアを味方につけたい。

地元最大の部数を誇る地方紙「南日本新聞」は、仕事上のつき合いでもマストとして、加えてテレビ。平日朝は系列の全国ネット番組がメインだが、**土日は自社制作の情報番組を放映**するケースが多い。土日朝は、自宅でまったりテレビ鑑賞がオススメだ。

鹿児島には民放が4局あるが、南日本放送（ＭＢＣ）の土曜朝は「週刊1チャンネル」。鹿児島放送（ＫＫＢ）なら「ぷらナビ＋」。人気の地元密着型の老舗店や新スポットなどの特集も多いので、**ディープな地元情報を仕入れられる。**

同番組に登場する**ローカルタレントも要チェック**だ。地元企業ＣＭなどでも活躍する野口たくおさん、子供が5人いることで全国区のバラエティでも話題になった岡本安代さんなどがいるが、共通しているのは、どこかほんわか、掛け合いも穏やかなモード。

お笑い芸人が活躍する大阪ローカルなどのテンポ早い言い回しとは違う、鹿児島的のんびり休日モードをまったり楽しみたい。

また、日曜朝のお供にはぜひ「さつま狂句」（ＭＢＣ）を。鹿児島弁上級編に触れられる。

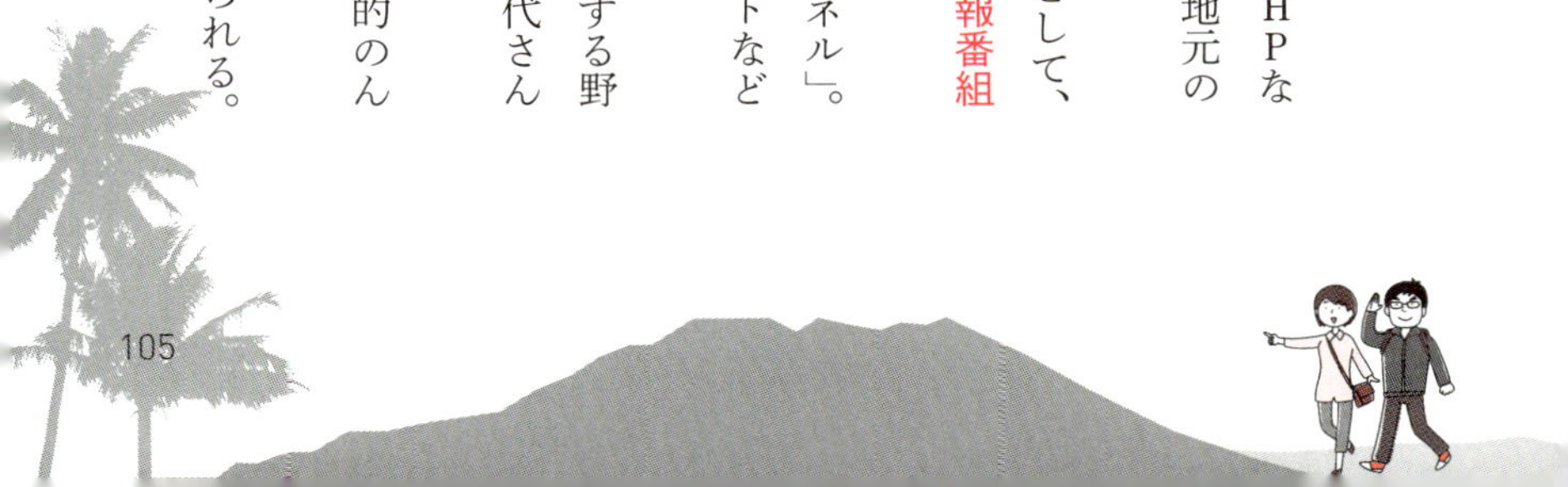

2020年の国体に向けて、注目選手をマーク

▼2020年といえば、東京五輪・パラリンピック。そろそろメディアでも有力選手の紹介とかやってるね。

▼何を言っているのよ。鹿児島で20年といえば10月に行われる「かごしま国体・かごしま大会」でしょ。東京オリンピックも56年ぶりだけど、鹿児島の国体だって48年ぶり。全国からアスリートたちが集う国内最大のスポーツ大会。こりゃ注目でしょ。

▼鹿児島発のスポーツ選手といえば、オレたち世代はやっぱり鹿実のサッカーかな。ゾノ（前園真聖）とか、城（彰二）とか。あとはヤット（遠藤保仁）とか。

▼サッカーだけじゃなくて、全国唯一の国立体育大学だってあるし、アメリカから伝えられたベースボールを野球と訳したのも鹿児島人なの。

▼そこまでさかのぼるか!?

西郷どんの独り言　国体の会場、徳之島天城町のヨマナビーチはトライアスロンで有名。マラソンの高橋尚子どんがトレーニングした"尚子ロード"もあり、実業団の陸上チームも合宿をやっちょる。

２０２０年の東京オリンピック・パラリンピックは7月22日からスタートし、9月6日で幕を閉じる。だが、鹿児島での熱い戦いは、そこからが本番となる。10月3日から鹿児島で48年ぶりに開催される「かごしま国体・かごしま大会」だ。オリンピックロスに陥いることなく、この地のアスリートたちのドラマもしっかりチェックしたい。

たとえば、鹿屋に拠点を多くプロサイクリングチーム「シェルブルー鹿屋」は、東京オリンピックへもメダル候補を輩出する期待大のチーム。同じ自転車競技では、南大隅町の南大隅高校自転車競技部も有力だ。

実は鹿児島の中でも、大隅エリアは気候が温暖、多様な地形に恵まれ、自転車の練習に適しているとか。同じく自転車競技に強い鹿屋体育大学が近隣にあり、秋には「ツール・ド・おおすみ」も開催される。まさに自転車の街なのだ。

その他、フェンシングの有力選手のストリーツ海飛《かいと》選手、ソフトボールでは神村学園高等部、相撲も会場となる奄美大島祭り、強い選手が多い。「かごしま国体」でもフライングディスクなどでメダルが期待される。

ドーム、サッカースタジアム建設なども予定中。南のスポーツの祭典に要注目だ。

1ヵ月に35日雨が降る島も!? 多様な気候を知る

▼鹿児島ってもっと南国な気候だと思ってたけど、あんまり東京と変わらないんじゃない？

▼全国的に温暖化が進んでるせいもあると思うけど、年間平均気温は全国2位。でも、南北に長いからね。県北の伊佐市は〝鹿児島の北海道〟なんて呼ばれるほど冬は寒いし、島に行けばほぼ沖縄と同じ気候だったりするし。

▼ああ、確かに与論島とか、常夏ってイメージだな。

▼でも、同じ島でも屋久島は1ヵ月に35日雨が降るなんて言うぐらい雨が多いんだって。おまけに九州で一番高い山もあって、沿岸部と山頂では全然、気温が違うらしい。キミ、気候が変わると、すぐ体調崩すから要注意。

▼自称・晴れ男の神通力をもってしても手ごわそうだな……。

西郷どんの独り言　屋久島は屋久杉が有名じゃが、江戸時代から良質な屋根板として人気があった。島民が藩に納める年貢米の代わりとされ、奄美の黒糖と同じように薩摩藩の財政を支えたんじゃ。

南北に長い日本にあって、南北600㎞とタテになが〜い鹿児島。年平均気温は19度前後で全国2位だが、同じ県でも気候に大きな違いがある。うかつに〝南国〟と侮らず、エリア差には注意したい。

例えば、**〝鹿児島の北海道〟と呼ばれている伊佐市は、1〜2月は0℃以下になることも珍しくない。**内陸盆地の影響によるもので、最低気温でマイナス15度という記録も持つ。

また、「**屋久島は、月に35日雨が降る**」。そんな言い得て妙の表現を、小説『浮雲』に登場させたのは作家・林芙美子。

〝洋上のアルプス〟などと呼ばれるように、洋上に1000〜2000m級の山々がそびえ立ち、南からの温かい空気がぶつかることで多くの雨を降らせる。県全体の年間降水量が全国1〜2位なのも、屋久島が貢献するところが多い。

水が豊富ゆえ、映画『千と千尋の神隠し』の名前の由来になったとも言われる「千尋《せんぴろ》の滝」や、『もののけ姫』の舞台のモデルにもなった白谷《しらたに》雲水峡の「飛流おとし」など、ダイナミックかつ透明度が高い滝も多い。滝マニアにはオススメだが、**山ゆえに天気も変わりやすい。訪れる際には雨具や装備に気を付けたい。**

また、県全体、〝台風銀座〟と呼ばれるように台風の往来が多いことも知っておこう。

焼酎マイスター
の資格にトライ!?

▼実は私も子供のころは、父親が毎晩、飲んでた焼酎の匂いが苦手だったな。コップを洗うのがイヤだなーって密かに思ったの覚えてる。

▼今や、いたいけな少女時代の面影はなく、すっかりウワバミだけどな(笑)。

▼でも、焼酎も年々、進化していて、芋焼酎でも洋食にも合うようなフルーティな焼酎も増えているの。ワインに使う酵母を使って、ワインのような酸味や香りが感じられるものや、ビール酵母を使って、炭酸で割ると食前酒にピッタリの焼酎なんかも生まれてるんだよ。

▼へー、無骨イメージの焼酎もオシャレになってきてるんだね。

▼そんな奥深い焼酎の世界を広げるべく、焼酎マイスターっていう資格もあるんだって。いつか取りたいな。

▼それさ、飲む口実だろ(苦笑)。

西郷どんの独り言 焼酎は、かごっま弁で「そつ」っちいう。鹿児島にはようけ(たくさん)焼酎あるけど、地元ん焼酎を愛する人が多か。地元スーパーでチェックしてみんやい(みてください)。

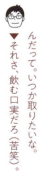

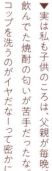

無骨にうまい焼酎を追求し続ける鹿児島だが、新たなファンを獲得すべく、ニューウェーブも生まれている。

故きを温ねて新しきを知る。長年、培われてきた蒸留技術があるからこそ生まれた焼酎界の新星たち。慣れ親しんだお気に入り一筋もいいが、〝新顔〟を試してみるのもダレヤメの楽しみだ。

例えば小正《こまさ》醸造。

「さつま小鶴」などで知られる老舗メーカーだが、近年、白葡萄の品種であるソーヴィニヨン・ブランから採取された酵母を使用した焼酎を開発。甘みと酸味のあるワインのような味わい、香りが特徴となっている。

さつま町の小牧醸造でも、焼酎の次の100年を目指した酒造りの一環として、ビール酵母を使用した焼酎を生み出している。炭酸で割って飲めば、ビール代わりのさわやかな食前酒となる。

奥深い焼酎の世界を広げるべく、鹿児島大学農学部では「焼酎・発酵学教育研究センター」に焼酎マイスター養成コースを開設。焼酎製造業や酒類販売、飲食業、観光業の従事者、自治体職員などが対象だが、約200名の焼酎マイスターが生まれている。

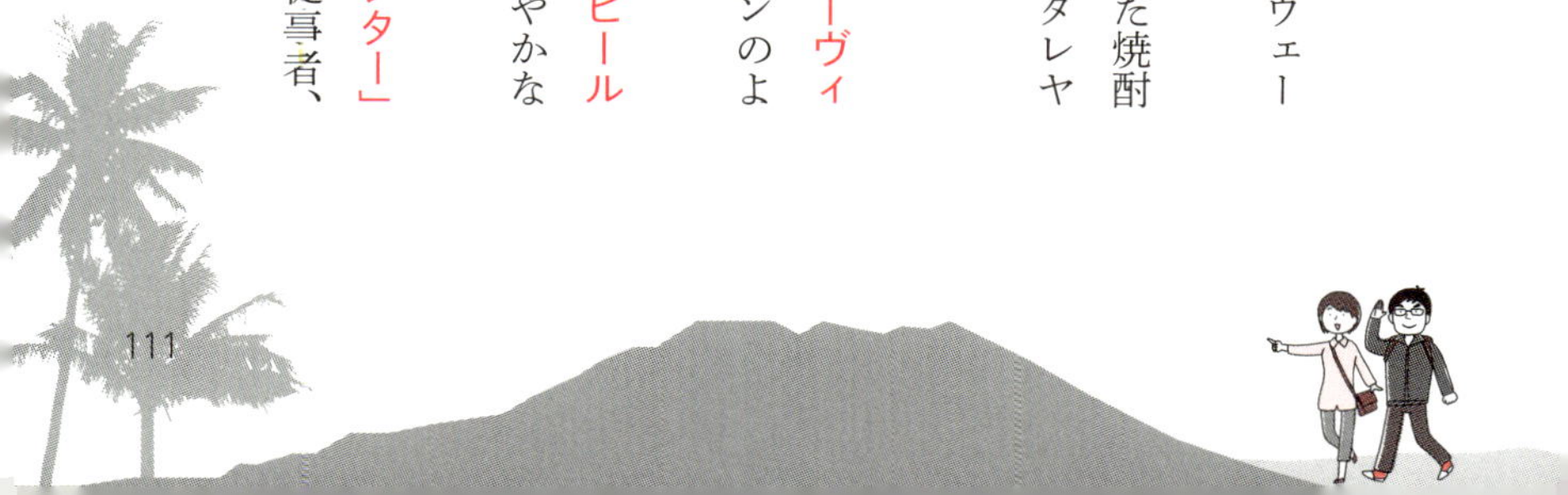

また、焼酎と同じ蒸留技術を活用し、本格ウイスキーのほか、今、流行りのクラフトジンも生まれている。

先にも挙げた小正醸造では、世界でもっとも小さなみかんとしてギネスブックにも認定された桜島小みかんを使った「KOMASA GIN」を販売。

ジン特有のドライな味わいに、みかんの優しい柑橘の香りが加わり、トロピカルなイメージのラベルもかわいい。

先駆けてウイスキー作りに取り組んだ本坊酒造でも、蒸留所がある南さつま津貫で収穫した金柑、ニッケイの葉などで仕込んだ「Japanese GIN和美人」を生み出している。

ラベルデザインは、薩摩絵付師・室田志保さんが、江戸時代末期から作られていた陶器（薩摩焼）製のボタン「薩摩ボタン」をあしらったもの。見た目もイケてる。

かつて某有名芸能人が焼酎にハマっているとかなんとかで、プレミア焼酎がブームとなり、ネットなどでべらぼうな高値をつけた時代もあった。そんなバブルを経て、またこの地の焼酎は愚直にあり方を模索している。

若手の経営者や作り手がタッグを組み、生き残りをかけて新たな基軸を打ち出したり、イベントを開いたりと、いわば〝焼酎維新〟を起こそうとする動きも見られる。

これから鹿児島の焼酎はどこに行くのか。単なる飲兵衛も、グラスを傾けつつ応援したい。

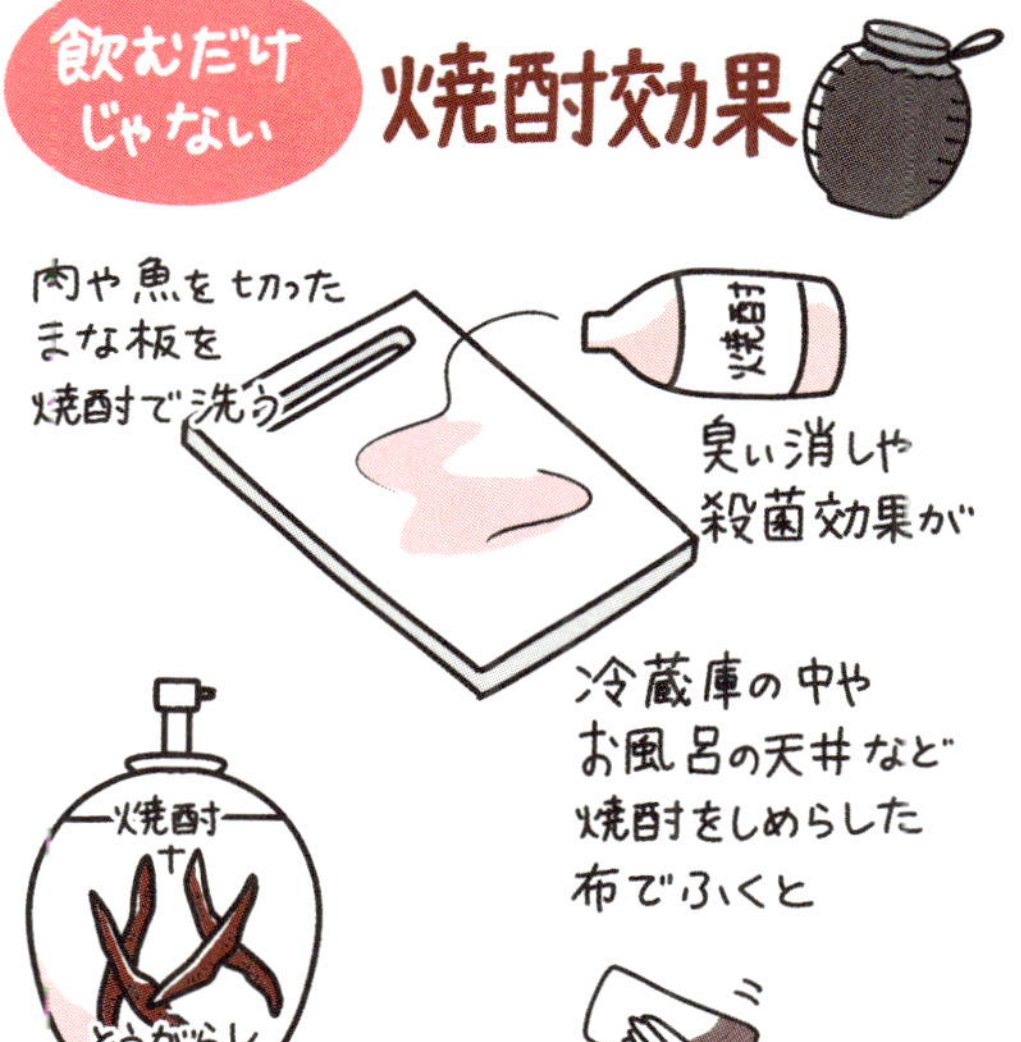

端午の節句は「あくまき」作りにチャレンジ

▼子供のころ、「あくまき」ってよく食べたなあ。

▼えっ、あくって、あの灰汁？　料理では〝灰汁＝悪〟。ちゃんと取り除くのが基本じゃないの？

▼灰汁も悪者ばかりじゃないの。あくまきは灰汁に漬けたもち米を竹の皮で包んで、灰汁で炊いた和菓子なんだけど、保存性も高いのよ。元は日持ちのする兵糧として作られて、男の子が健やかに成長するようにと端午の節句に作られるようになったんだって。夏は冷蔵庫で冷やしてきな粉と砂糖つけて食べるとクセになるんだなー。

▼酒以外、珍しくお菓子で語るねー。でも、ネットで調べても、ちょっと見た目ビミョーだけど……。

▼タビスミ隊は食わず嫌い禁止！

西郷どんの独り言　オイが好きな菓子ん（の）一つが、長崎に伝来したカステラ。坂本龍馬どんとおりょうさん夫婦が、霧島に湯治に行く際、お弁当代わりに持っていったとも言われちょっど。

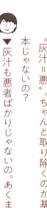

何かと〝黒推し〟の食べ物が多い鹿児島だが、お菓子も黒を基調とした無骨・素朴なラインナップが揃う。

その一つが、あくまき。

外観は黒っぽい竹の皮で包まれた棒状。皮を外すと、薄茶色の餅菓子が表れる。見た目はフォトジェニック&インスタ映えとはいかないが、冷やしてカットし、きな粉と砂糖や黒糖をつけて食べると独特の風味、モチモチ感がクセになる。

台湾にも、もち米で作る粽《ちまき》があり、その影響とも言われるが、関ヶ原の戦いの際に薩摩藩の島津義弘が日持ちのする兵糧として持参したのが始まりとか。

高温多湿な鹿児島では、田植え期の保存食としても作られた。今は手作りする人は少ないが、スーパーなどで食べきりのミニサイズも売られている。

もう一つ、素朴な郷土菓子がかからん団子。こしあんともち米で作った団子を、鹿児島で「かからんの葉」と呼ばれるサルトリイバラの葉で包んで蒸したもの。かからん葉には殺菌作用があり、保存性が高い。「病気にかからん（かからない）」という言葉にもかけられているという。

その他にも、でっかくもないのに両棒（ヂャンボ）餅、黒砂糖風味の褐色の蒸しパン、

その名もふくれ菓子、下駄の歯に似ているため命名された黒糖菓子のげたんはなど、名前も素朴な郷土菓子が揃うが、潔く真っ白なソウルフードもある。

かるかん（軽羹）だ。

命名の由来は「軽い羊羹」ともいわれ、シラス台地でも育つことからよく栽培されていた地元の自然薯（山芋）、米粉やかるかん粉、砂糖だけで作ったシンプルイズベストな蒸し菓子。

口あたりはしっとり、ふんわり。ほのかで上品な甘みと、鼻に抜ける自然薯の独特の香りがいい。

真っ白で余計な装飾がない佇まいも凛としている。島津斉彬のお声掛かりで生まれた銘菓で、島津家の食卓にも提供されたという、ありがたい菓子だ。

実は〝砂糖好き〟に加え、**まんじゅうの消費（金額）でも鹿児島市は全国1位の甘党番長。**

スーパーなどでも手軽に買える素朴な甘味に、ぜひトライしてみたい。

小さいころはよく
地元のお菓子、
食べたなあ～
イチオシは
高麗餅
ほろほろした口あたりと
小豆の甘み、
上品で素朴な味わいが
いいんだよね～
かからん団子も
「病気にかからん」に
かけられてる
縁起のいいお菓子
かからんの葉で
つつんで蒸すお菓子で
小豆やよもぎなどの
種類がある
でもなんといっても
かるかん!
・砂糖
・かるかん粉
・山芋
・水
昔はよくハシッコの
お徳用が売られてて、
美味しかったな～
なんかセコいな～
東京にかるかんが
ないってわかった時は
ショックだった……
ガーン
かるかんって
キャットフード
じゃなくて?
ともだち
東京でかるかんって
いえばコッチだよな……

7月に行われる「六月灯」に夏の訪れを感じる

▼イベントサイト調べてたら、鹿児島って、7月にやたら祭りが多いみたいだな。

▼ああ、六月灯ね。地元流に言うと「ロッガッドー」。

▼また、「ッ」が多い鹿児島弁出た！　いや、6月って、7月だろ。

▼旧暦6月の7月に、県内の神社、寺院で行われる、いわゆる夏祭りなの。元々は、薩摩藩主の島津久光が供養のために灯篭上げを行なったのが始まりとされているよ。私も子供の時は、出店目当てで行ったなあ。

▼夏祭りといえば、浴衣でデートとか？

▼ザンネン。私は友達と。しかも校則で制服じゃないといけなかったから、色気ゼロ。サプライズな出会いは、もっぱら見回りに来た学校の先生と会って、ドキッとするぐらいだったなあ(笑)。

▼まさにザンネン！

西郷どんの独り言　映画『六月燈の三姉妹』は老舗和菓子店が六月灯に合わせて新作和菓子「かるキャン」で決死回生をはかる物語じゃ。かるかんのキャンディって、ウマいんかの〜!?

7月に、この地らしい夏のしみじみ体験をするなら、県内の神社、寺院で行われる「ロッガッドー（六月灯）」を巡りたい。

そもそもの由来は、島津久光が上山寺新照院に観音堂を建て、供養のために灯篭を灯したのを町民たちが見習ったとされる。また、民間でも悪疫退散や五穀豊穣を願って灯篭をささげる風習があったとか。

次第に島津家の行事から庶民の祭りに発展。**7〜8月上旬になると、県内の神社、寺の境内には企業や商店街が奉納した灯篭が飾られ、ほぼ毎日のように、にぎやかな縁日が開かれる。**

お気に入りの灯篭を探して写真に撮るもよし、屋台を冷やかすもよし。神社によっては自分で灯篭を出すことも可能なので、〝参加〟もアリだ。

最大規模は、島津斉彬の命日に合わせて7月15〜16日に開かれる照国神社。地元のフリーペーパーなどにも主要な神社のスケジュールが掲載される。日にちをチェックして、あちこち巡るのもいい。

14年には吹石一恵主演の映画『六月燈の三姉妹』もロードショーされた。シーズンが訪れる前に、まずはDVDで灯篭がゆらめく独特の雰囲気を味わうのもいい。

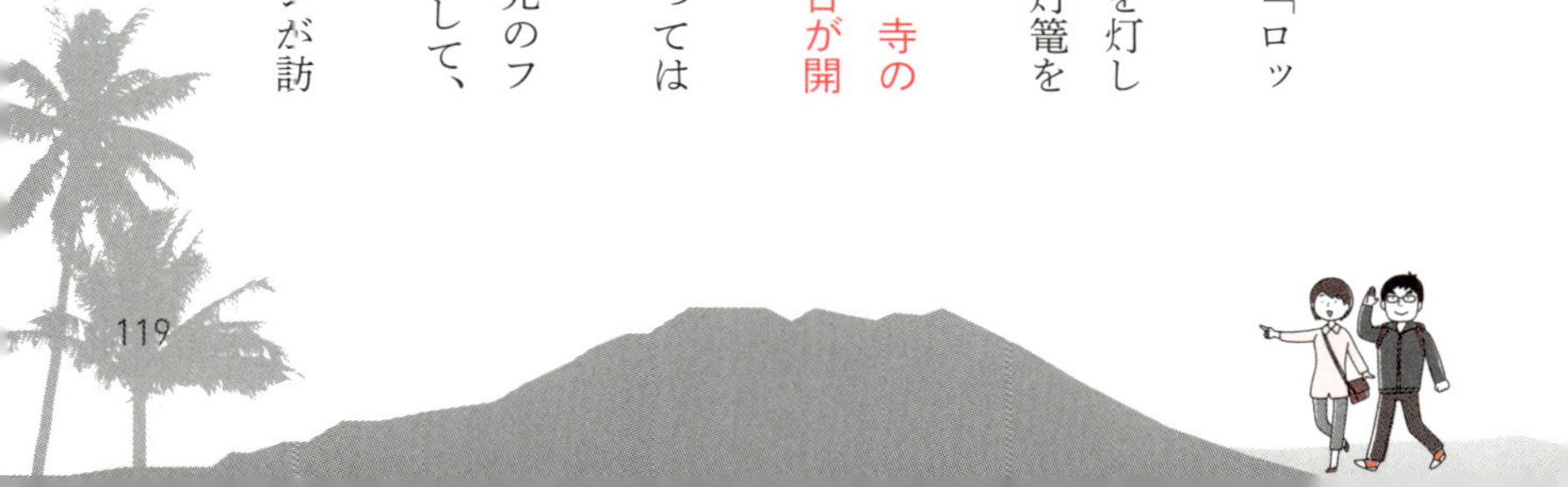

秋は「おはら祭」で ひと踊り！

▼前に東京・渋谷で「渋谷・鹿児島おはら祭」って見に行ったじゃん。帰りに、レイコ、「おはら節」っていうんだっけ、めっちゃ民謡歌ってたけど、鹿児島じゃ有名な祭りなの？

▼うん、一応、南九州最大のお祭りと言われているわ。小学校時代、吹奏楽やってたから、マーチングパレードに出たことある。

▼鹿児島と渋谷って意外だなと思って調べたら、渋谷に薩摩藩の屋敷があったんだね。

▼今、私らが渋谷に住んでるのも縁か。また歌いたくなってきたよ。「♪花は霧島、たばこは国分〜」、と。

▼昼間っからもう酔っぱらってんのか？

西郷どんの独り言　鹿児島三大行事の一つが妙円寺詣り。『西郷どん』でも登場したが、エキストラの地元の子供らの甲冑は、自宅から持ってきた私物じゃっち、NHKのスタッフもひったまがった。

ロッカッドーが夏の訪れを知らせてくれる行事ならば、秋の風物詩は「おはら祭」。

昭和24年、市制60周年を記念して始まったもの。総勢2万人近い踊り手が鹿児島の民謡、「おはら節」「鹿児島ハンヤ節」に乗って練り踊る「総踊り」ほか、ダンスやマーチングパレード、伝統技能なども披露される。

その年によって縁ある芸能人が呼ばれるなど、家族みんなで楽しめる祭りとなっている。

また、毎年5月には、東京・渋谷でも文化交流の一環として「渋谷・鹿児島おはら祭」が開かれる。普段はJKなどで賑わう道玄坂、109付近が、リトル鹿児島と化すのも楽しい。

その他、鹿児島で〝三大行事〟と呼ばれるのが、妙円寺詣り、曽我どんの傘焼き、赤穂義臣伝輪読会。これらはすべて、江戸時代に薩摩藩独自の教育方法であった「郷中教育」の一環として根付いたもの。

妙円寺詣りは、鹿児島市内から日置市伊集院町までの約20㎞の道のりを歩いて参拝する伝統行事。かつて関ケ原の戦いで島津勢が徳川方の敵中を突破し帰鹿を果たした苦難をしのび、鹿児島城下の武士たちが妙円寺詣りとして参拝するようになったのがルーツだ。

忍耐力や粘り強さを鍛える行事として定着し、地元っ子がMY甲冑を持っているというのもさすが史実に富む鹿児島らしい。

釣り好き県民の仲間入りを果たす

▼知り合いの鹿児島の人に聞いたんだけど、会社に釣り部ってあるんだって。珍しいよね。

▼釣り部？　マラソンとかゴルフならありそうだけど、マニアックだな。

▼鹿児島では釣りはかなり人気のレジャーらしいの。海に囲まれてるし、黒潮の通り道だから、絶好の釣り場の宝庫なんだって。

▼でも海なし県で暮らした埼玉人にはちょっとハードル高いな。

▼釣り具を貸してくれる海釣り公園もあるし、初心者向け教室もあるみたい。ダサイタマ人でも大丈夫だよ！

▼……ダサイタマって禁句な！

▼桜島を目の前に、海でのんびり釣りってサイコーじゃない。いずれは釣った魚をさばいて、船上で一杯！

西郷どんの独り言　薩摩はアオリイカを獲る餌木(えぎ)ちゅう漁具の発祥地じゃ。斉彬侯も釣りが好きで、テンヤちゅう釣法で錦江湾のマダイ釣りを楽しんだち、伝えられちょる。

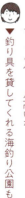

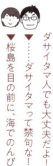

無類の釣り好きだったとされる島津斉彬は、鮮魚を食べて食中毒で亡くなったとも伝えられる。そんなDNAを引き継いでいるのか、鹿児島人は釣り好きが多い。

総務省が16年に行った社会生活基本調査の結果によると、過去1年間に釣りをした都道府県別の行動者率（15歳以上）は、1位の長崎、2位熊本、3位広島ときて、山口、高知、鹿児島が同率で4位につけている。

その理由の一つが、絶好の釣り場が豊富にあること。太平洋、東シナ海と2つの海に囲まれ、海岸線総延長は約2650㎞と全国3位。黒潮の通り道ゆえ、海水も栄養たっぷり。獲れる魚の種類も豊富だ。

釣り船を使って岩場や沖合まで行かずとも、気軽に釣りを楽しめるツアーや海づり公園も揃う。海づり公園は、桜島と鴨池に二つあり、1年を通じてマダイ・カサゴが釣れ、夏場はアジ・カンパチ・コロダイなど。釣り具、餌などは販売・貸出もしている。

その他、長島でブリやヒラメ、阿久根でアジ、イカ、チヌ、南さつまのアオリイカ、枕崎でハガツオ、カマスなど。上級者は、九州から釣り師が集まるという甑島もいい。

佐多岬では8月お盆過ぎから10月までトビウオすくい体験もでき、垂水では本格イカダ釣りもOK。釣った魚をそのままバーベキューで楽しむことができる。

シニアの住みやすさ度をチェックする

▼住む場所となれば、病院とか医者の数なんかも気になるよね。こう見えて、オレ、結構病弱だし……。

▼ああ、お腹も弱いし、季節の変わり目はよく風邪引くし、飲み過ぎるとナゾの首の痛みに襲われるし、〝病気の総合商社〟か！

▼レイコだって皮膚が弱いし、あと飲むとたまに記憶なくすし……。

▼……後者は病気ではない。実はちょっと調べてみたんだけど、対人口比の病院数や病床数、看護師さんの数なんかは全国トップクラスなの。

▼でも、島の数が多いから地域差があるんじゃない？

▼うん。確かに。一方でしょ島部は出生率が高くて、長寿の方も多いの。自然や、ゆったり流れる時間とかも、いい〝薬〟なのかもね。

西郷どんの独り言　かごっまは人口10万人当たりの百歳以上の人ん数は全国4位。県の調査では長寿ん秘訣は「くよくよしない」「人との会話を楽しむ」など。オイもそうじゃっどん、明るさは大事。

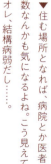

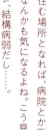

安心して暮らすためには、その地の医療体制もチェックしておきたい。

総務省データによると、**鹿児島は人口10万人に対する一般病院数は全国2位、医師の数も全国平均を上回っており、看護師の数も全国トップクラス。ちなみに、介護老人福祉施設の数も、人口1万人あたり（要介護3以上）では全国6位に入る。**

となると、医療・福祉体制は万全のようだが、鹿児島の場合は離島・へき地が多いという地理的要因もあって、地域間や診療科によっても医師や看護師が偏る傾向も見られる。県のHPには、地域や診療科による医師の数や近年の傾向などが公表されている。

一方、**奄美諸島は全国でも有数の「子宝の島」と言われ、とくに徳之島の伊仙町は出生率が日本一、100歳以上の人口の比率を示す百寿率も高い。**

地域で子育てをするという価値観と環境が揃っており、子や孫の世話を生きがいとする高齢者が多いことなどがその要因として挙げられている。

また、『日本でいちばん幸せな県民』（PHP）によると、**「悩みやストレスのある者の率」は、鹿児島は全国で2番目に低く、「悩みやストレスを相談したいが誰にも相談できないでいる者の率」は愛媛と同位で全国で最も低いという結果**も出ている。

心身共に健康を目指す〝住み活〟を進めるなら、取り巻くコミュニティも考慮したい。

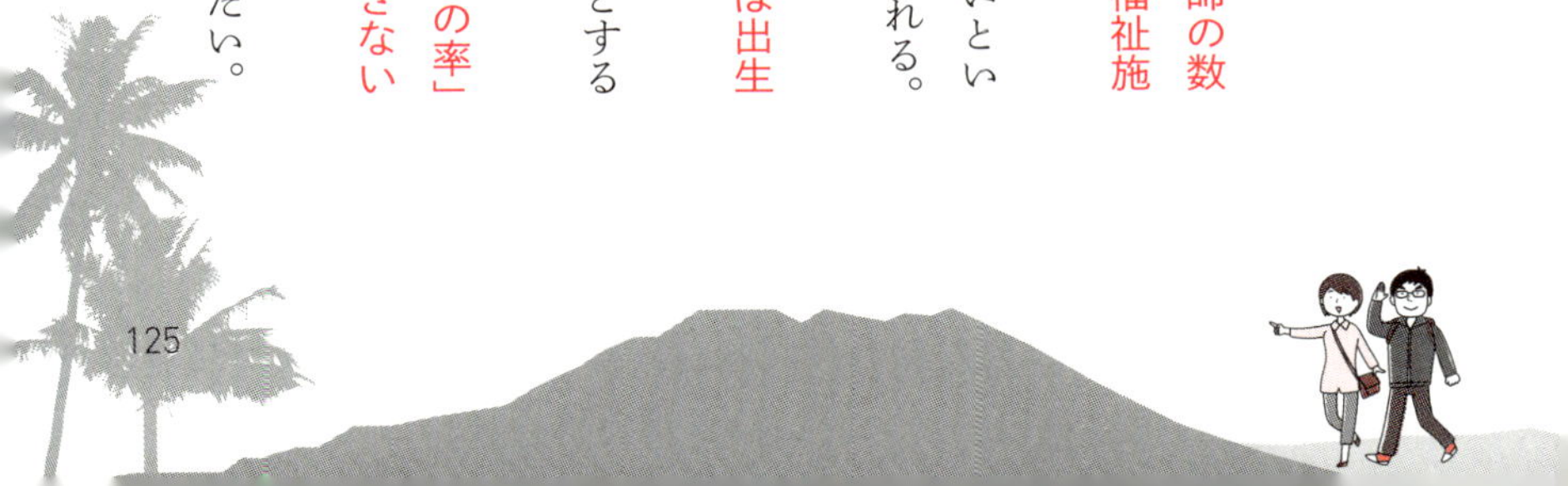

火山防災トップシティの取り組みを知る

▼桜島に行った時に、展望所の休憩所のベンチ下に、防災用のヘルメットが入ったボックスがあったの覚えてる？　しかも○に十の字の、薩摩藩のマークつき。さすが、火山県という感じで、生々しいものを感じたな。

▼噴火があった場合のシェルター、退避壕もあちこちにあったしね。案内してくれたタクシーの運転手さんも「桜島の人は防災意識が強い。避難訓練も徹底している」って言ってたね。

▼前にNHKの全国ニュースで爆発シーンが流れて騒ぎになったように「桜島、大丈夫か」って過剰な風評被害も問題だろうけど。

▼日本は地震国だし、どこに行くにも、各エリアごとの防災対策は一応、チェックしないと。

西郷どんの独り言　大雨で甲突川が氾濫することも。また、93年に起こった竜ヶ水地域の土石流被害では、JR職員と地元警察らの救出劇が、『プロジェクトX』でも取り上げられたんじゃ。

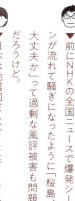

誤解を恐れずに言うならば、日本において「ココならば絶対に安全」という地はないといってもいいだろう。

地震、大雨による河川氾濫、土砂崩れなど、自然災害が多発するなか、居場所を決める際には自治体が策定する避難計画や、災害対策などは最低限チェックしたい。

その観点から、**鹿児島が注力しているのが、火山防災力の底上げ**だ。

14年、御嶽山噴火による人命災害が起こって以来、全国的に火山防災への意識は高まりを見せているが、ここまで火山の噴火や降灰を日常的に経験している自治体や地域は世界的に見てもレアといっていい。

県、各市では各地避難計画を国内でも先駆けて策定してきた実績を持つが、年々、実態に合わせてバージョンアップ。**18年には「鹿児島市火山防災トップシティ構想」のもと、大量の軽石火山灰を想定した車両走行テストなどを実施。大規模噴火時での犠牲者ゼロを目指す対策強化や、国内外の火山地域の被害軽減のための世界貢献を目標に掲げている。**

15年には桜島の噴火警戒がレベル4（避難準備）に引き上げられ、全島民が避難した口永良部島噴火も発生した。霧島新燃岳の噴火活動も活発化している。

火山が連なる稀有なエリアだからこその、新たな取り組みや魅力発信にも期待したい。

鹿児島人は商売下手なのか？を考察する

▼鹿児島ってちょっとザンネンって言ったら失礼かもだけど、もう少しその良さを知られてもいいよなー。

▼確かに、お隣の2県がマンゴーや焼酎、ゆるキャラなんかでうまくPRしてるのに対して、どこか「わかる人にわかってもらえばいい」みたいな無骨なところもあるかも。

▼鹿児島出身の経営者っていうと、京セラの稲盛さんだっけ。確かに成功しているけど、商売人っていう雰囲気じゃないもんな。薩摩藩は武士の人口比がめちゃ高かったっていうけど、〝武士は食わねど高楊枝〟が良しとされてきた土地なのかもな。

西郷どんの独り言　あれこれ「義を言う」前に、正しいと思ったことを行動する。そして着飾ることなく、強く、たくましく中身で勝負。「質実剛健」こそが、薩摩隼人の本分じゃっど。

ここまで見てきたように、農産物、魚介類然り、豊かな自然然り、鹿児島には知られざる〝日本一のスター〟たちがそろう。なのに、この地の人たちは、個人差はありつつも、どこか声高に自己主張をすることを厭うようにも見える。

「鹿児島名物？　うーん、西郷さんと桜島ぐらい。まあ、食べ物はおいしいし、自然もあるけど」とばかりに、マイペース。「自分たちの良さをわかる人にだけわかってもらえばいい」といった余裕にも似た姿勢もうかがえる。

確かに海があり、山もある。食材も豊富にあり、気候も比較的温暖。自分たちが生活する分には、困らないという環境に恵まれた側面もあろう。とはいえ、もともとはシラス台地で稲作には向かない地にあって、苦労してサツマイモを名産に育てたという経緯もある。口八丁手八丁ではなく、自然を相手とする農業・漁業が盛んというのも、鹿児島人の奥底のDNAに合っているのかもしれない。

鹿児島の方言に「義を言うな」という言葉がある。「屁理屈を言うな」「言い訳するな」といった意味で、武士育成の〝郷中教育〟の中の教えでもあった。同盟相手だった山口（長州）が全国最多の総理大臣を生んでいるのに対し、意外に少ないのも、権力をかざしたり、商売っ気を発揮することを良しとしなかった風土も影響しているのかもしれない。

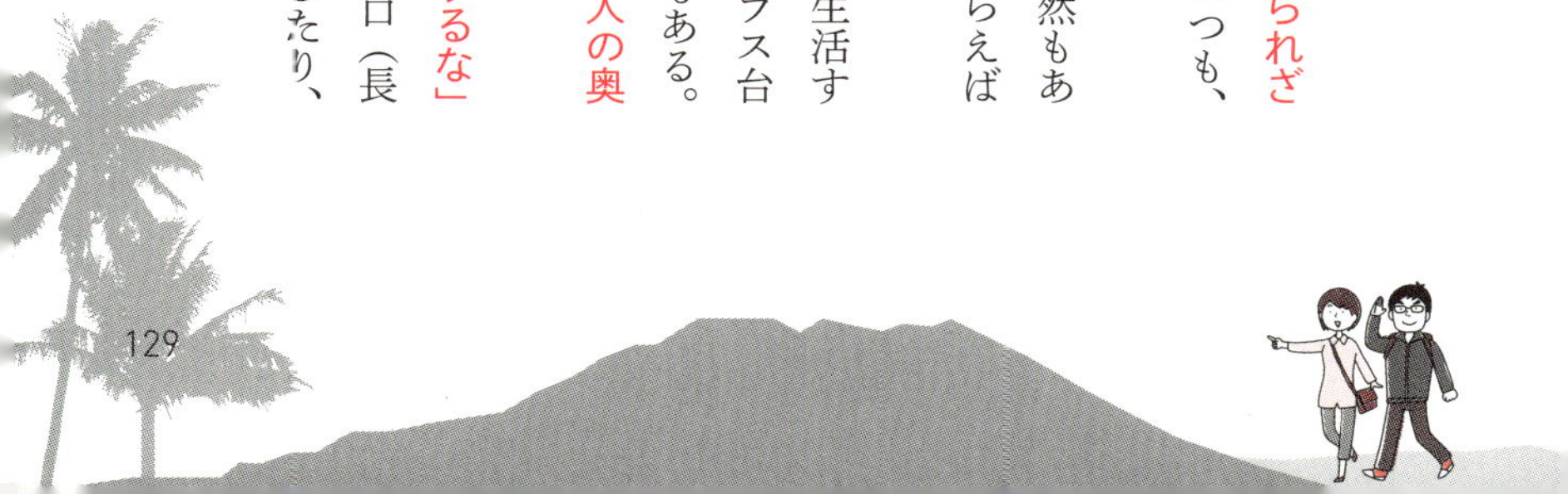

たび活×住み活 45

クリエイター歓迎!
移住支援制度をチェックする

▼今回、鹿児島の移住支援制度を調べてたんだけど、実は鹿児島市って、デザイナーとか、HP制作とか、クリエイティブな仕事を専門にする個人事業者の移住を積極的に支援しているの。

▼なになに、就農とか漁業の仕事を始める人への支援ならわかるけど、鹿児島でクリエイター支援って意外だな。

▼まさに農産物とか魚介とか素材は逸品ぞろいだけれど、それに付加価値をつけてブランド化する人材が不足しているということみたい。

▼せっかくいいものがあるのに、ちゃんと売り出せていない。そこでクリエイター歓迎ってことか。じゃあ、レイコみたいなモノ書きも引っ張りだこだったりして!?

▼あ、そうかもね(フフン)!

▼ん、オレは??(嫉妬)

西郷どんの独り言　人口減少率が全国でも高い鹿児島。移住を促進すっとは、鹿児島の大きな課題。移住者は年々増加していて、地域おこし協力隊としてやってくるワケ(若い)モンも増えちょっど。

Ｐ１４５以降に紹介する鹿児島全43市町村の移住支援制度を見ると、少し意外に思うかもしれない。

お土地柄、就農・漁業の支援制度が多いのはわかるが、**鹿児島市では「クリエイティブな個人事業主等の移住を応援しています」と銘打ち、市内でクリエイターとして仕事をしようと考えている人の支援策を積極的に打ち出している。**

また、単なる移住サポートだけでなく、民間とコラボし、全国の若手デザイナーを対象に賞金・副賞が用意された、パブリックデザインコンペなども実施。Ｐ１２８で、「商売下手かも」などと書いたが、**鹿児島も積極的に〝外からの血〟を入れ、自身のブランディング、若手クリエイター育成の取り組みを加速**させているのだ。

むろん、クリエイティブ関連だけでなく、**広く新規創業者を支援する制度、インキュベート施設なども誕生。「生涯活躍のまち」を掲げ、中高年齢者の移住・創業を積極的に歓迎しているエリアもある。**

また、県全体で盛んな第一次産業では身体が動く限り、定年はない。新規就農・漁業に関しても、50代ぐらいまで門戸が開かれており、サポートを受けながら、第二の人生を歩むのもアリだ。

車以外の交通手段についても知っておく

▼年とると、車の事故を起こす確率も増えるしな。公共交通機関についても知っておかないとな。とくにレイコは酒呑みだし……。

▼失礼ね！　でもまあ、団地が高台にあることも多いから、自転車も使いにくいしね。

▼うん。小回りが利くのはバスなんだろうけど、前に空港行きのバスに乗ろうとしたとき、乗り場も路線も多くてややこしかったよね。

▼市内中心部を移動するのには、路面電車があるのは大きいわね。駅の階段の上り下りの手間もないし、シニアには優しい乗り物かも。

▼あとはうっかり行き先を間違わないよう注意だな。とくにレイコ。

▼どうせ、もともと方向音痴だし（笑）。

西郷どんの独り言　実はオイは「鉄道より軍備」と、鉄道建設に反対しちょった。じゃっで、江戸薩摩藩邸近くでの測量を許さず、当時、新橋～品川間では海上に築堤を設けて鉄道を通したんじゃ。

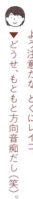

「車がないとどこにも行けない」といわれる車社会の鹿児島。そして、平地が少ない地形もあって、渋滞は深刻だ。市街地から市内の主要団地に向かうには、時間帯によっては幹線道路の右折ラッシュに悩まされ、土日は大型ショッピングモールに行く車で、産業道路などは大渋滞となる。東京などに比べて**自転車文化が発達していないため、自転車用レーンも乏しく、舗装状況も必ずしもよくない。降灰などによる転倒リスクも小さくない。**

公共交通機関はどうかというと、観光に便利なのは市営観光バス「カゴシマシティビュー」と地元名門・いわさきグループの「まち巡りバス」。日常使いのバスでは、市営バス、空港連絡バスも運行する南国交通、いわさきグループなど。ＩＣカードは、RapiCa（ラピカ）といわさきＩＣカードの２種類があり、ちょっとややこしい。

便利なのは**路面電車が発達している**こと。

実は近年、路面電車は人と環境に優しい交通手段として、世界的に注目を集めている。**排気ガスも出さないため環境に優しい。低床式車両も増え、段差や階段の負荷なく、バリアフリーにも配慮。お年寄りも安心して利用できる。**

同じく路面電車が走る富山でも、いち早くＬＲＴ（次世代型路面電車システム）を取り入れ、シニアが住みやすいコンパクトシティ化を推進している。

“観光以上・移住未満” のファンづくりの取り組みを知る

▼実は前に東京の移住関連のイベントに行ったんだけど、そこで聞いた頴娃のNPOの方の話が面白かったのよ。

▼あの頴娃語の頴娃？

▼そうそう、あのユニークな釜蓋神社やタツノオトシゴハウスなんかの仕掛け人でもあるんだけど、ユニークなのは、いきなり「移住してください」じゃなくて、面白い観光スポット、町のファンづくりから始めて、結果、Iターンを呼んでいること。国がやってる「ふるさとづくり大賞」で賞も受賞したんだって。

▼確かに知らない街に移住となるとハードルが高いけど、何度か観光で来て、仲良くなってからなら入りやすいよな。鹿児島ってどうも勝手に閉鎖的なイメージがあったけど、実は外からの移住者を積極的に受け入れてんだな。

西郷どんの独り言　かっごまは薩摩藩のころから団結心があって、出身高校ごとに“仲間意識”が強かち言われちょっど。県人会も盛んじゃが、ヨソん人との交流もだんだん盛んになっちょっど。

地方移住というと、一般的にはハードルが高い。とくにUターンならまだしも、Iターンとなると、経済的な支援策以前に「その地になじめるか」など、人間関係の不安は大きい。

実は、鹿児島ではこうしたハードルを少しでも低くする取り組みが民間でも行なわれている。例えば、南九州市頴娃町のＮＰＯ法人頴娃おこそ会。同団体は「跡継ぎのいるまち」を目標に発足。だが、以前は移住者どころか、訪れる観光客もほぼいなかった。

10年に埼玉からのIターン移住者がタツノオトシゴ観光養殖所場を開設したのを機に、近隣の見晴しのよい番所鼻《ばんしょばな》公園や釜蓋神社を観光地化。その後、地域の茶農家と連携したイベントや、商店街でも、まち歩きガイドやマップ作りがスタート。そこから空き家再生事業が始まり、移住者による宿や体験観光プロジェクトが動き出したという。

また、日置市の湯之元温泉でも、地域活性化に取り組む一般社団法人鹿児島天文館総合研究所Ten-Lab（略称テンラボ）のサポートを受けプロジェクトを結成。なかでも「エアギターの魅力を伝えたい」と地元出身のエアギター世界大会出場経験者が中心になった取り組みは、エアギター選手権全国大会誘致につながり、温泉街は大いに沸いた。

鹿児島での各地の取り組みはテンラボのＨＰなどにも紹介されている。新たな居場所を探すなら、主体的に関わってみるのもいい。

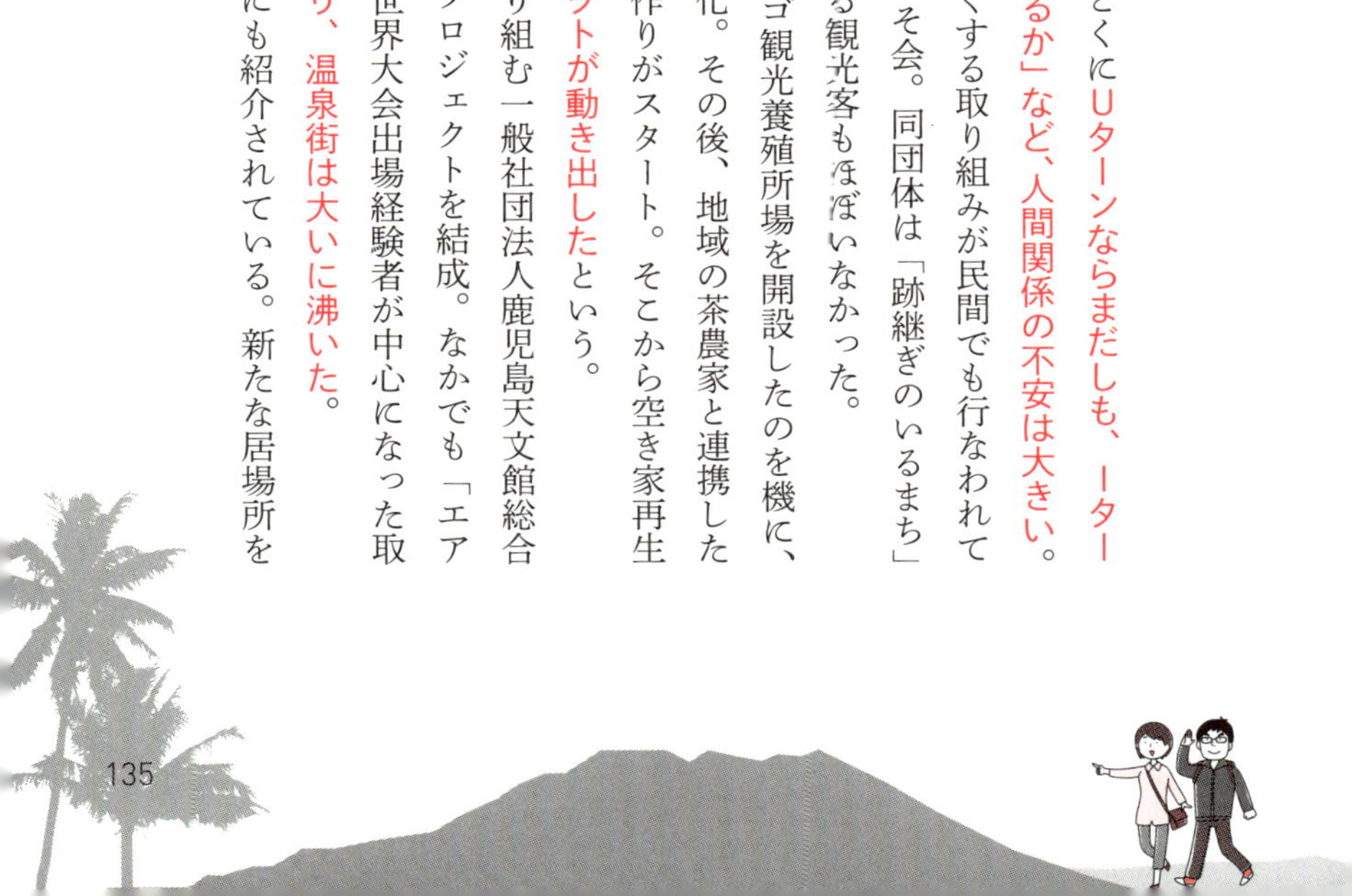

移住ドラフトに挑戦する!?

▼移住ドラフト会議って知ってる？

▼ドラフト？　地元球団がないのに？

▼野球じゃなくて、移住希望者と受け入れ地区を結ぶ鹿児島発のイベントなの。町おこしに取り組む民間団体が「球団」。移住希望者の「選手」を指名して、抽選などで、独占交渉権を獲得できるわけ。しかも、いいのは指名されても必ずしも移住しなくていいの。

▼そういうユルいの大賛成！

▼何より面白いし、「球団」も「選手」も事前のプレゼンが必要だから、お互いの理解が深まって、マッチングもうまく行きやすいんだって。

▼オレが応募したら、ドラフト1位間違いなし！　一応自称・敏腕税理士だし。

▼って……うーん、東京と地方じゃ求められる人材が違うんじゃないかな。

▼キビシー！

西郷どんの独り言　江戸時代、薩摩は二重で鎖国をやっちょって、そのおかげで独特の文化が育ったんじゃが、故郷や日本を“よか国”にすっとは、外に目を向けるんも大事なことじゃっど。

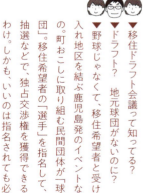

新たな居場所を探すなら、その地で「自分がやりたいこと」だけでなく、「自分がやってきたことが、活かせるか」「地域に何かしら役立つのか」も考えたい。

とはいえ、タビスミ隊のモットーは、良い意味でユルく、遊び心を大切にすること。

そこで注目したいのがユニークなイベント「移住ドラフト会議」だ。

これは、移住希望者と受け入れ地域をつなぐイベントで、15年、鹿児島の移住支援団体「鹿児島移住計画」が始めたものだ。

同団体の代表者自身も実は移住組。住む場所や仕事の有無よりも、「自分がやりたいことに賛同してくれる人がいるのか」「自分のことを必要と言ってくれる人がいるか」という漠然とした不安が大きかった体験から発案したという。

さらに、移住というと重いイメージがある。都会に住む若者にも「面白そう」と気軽にトライしてもらうには、エンタメ性も必要となる。

そこで、ヒントとなったのがプロ野球のドラフト会議。

球団役として移住者を受け入れたい地域、選手役としてSNSやHPなどで募った移住希望者が参加。それぞれがプレゼンテーションを行い、指名会議で地域側が移住希望者を指名し、指名が重なった場合は抽選。引き当てた地域側には1年間の独占交渉権が生じる。

指名されても必ずしも移住しなくてOKというユルいスタイルだが、それがよかったのか。実際の移住者は順調に増え、18年までで11名の移住が実現した。全国メディアでも紹介され、17年には全国版が開かれたという。

18年は「カ・リーグ」として鹿児島県から6つのコミュニティ、「ミ・リーグ」では宮崎県から6つのコミュニティが参加。ネーミングは脱力系だが、その町に住み、町おこしを真剣に考え、移住希望者を全力で応援する気持ちがある団体なら〝球団〟になれる。自治体単位ではないため、シバりがないのもいい。

また、移住希望者には移住力の〝強化キャンプ〟も行なわれる。**最初から定住しなくても、少しずつかかわりを増やしていくのもアリだ。**

会社で副業OKの動きが生まれているなか、「我こそは」と思う人はもちろん、あるいは「面白いからちょっと行ってみるか」という軽い気持ちで参加するのも楽しい。

移住ドラフト会議とは――
鹿児島に移住したい！
週末暮らしをしたい！
鹿児島で町おこしにかかわりたい！
という全国の人々と
わが球団へおじゃったもんせ〜〜！
という地域の人々をつなぐ会議
第1回移動ドラフト会議
エントリー後指名会議が行われ
指名が重なった時は抽選
マッチングした球団（地域・団体）が選手の交渉権を得る
来年はオレもエントリーするぞ!!
そのための綿密なプレゼンを作っておかねば!!
ヤル気でてきたみたいねっ
目指せ一位指名！

義の国、鹿児島を知る

▼今回、20数年ぶりの故郷はどうだった？

▼うん、何せ根無し草の〝故郷もどき〟だからさ。どこか帰りたいような気持ちと、期待を裏切られるのが怖いような気持ちだったけど、やっぱりいいとこだったな。もともと、友人が少ないザンネンな私も、少ないなりに中学や高校の同期に会えて、親切にしてもらって。やっぱり人があたたかい。

▼オレも色々、辛口言ったけど、のんびりモードだし、言葉はちょっと荒っぽい時もあるけど、根は優しい人が多いよね。

▼うんうん。義理人情があるというのかな。

▼そうじゃ。おいも薩摩隼人を目指さんと！

▼エセ鹿児島弁だけはヤメて……。

西郷どんの独り言　薩摩隼人を称する言葉が「ぼっけもん」。乱暴者とか無鉄砲ということじゃなか。自分の信じる道に誇りを持ち、考え方が違う人も受け入れる、器のふっとか人を指すんじゃ。

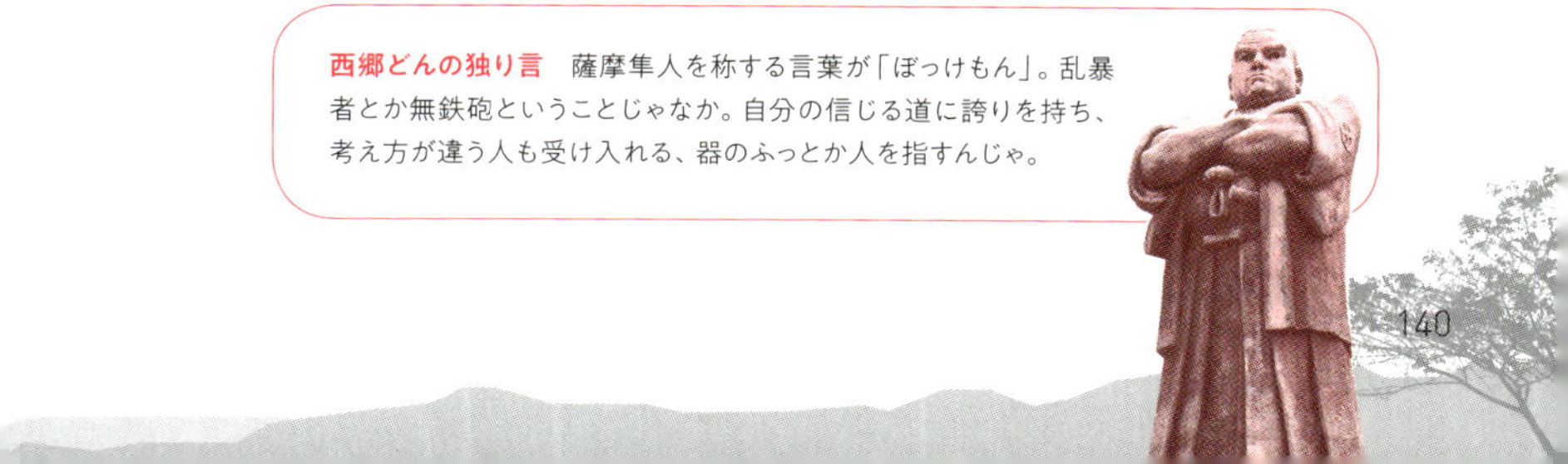

「薩摩はいうまでもなく士族文化の国で、その士族文化というのはつきつめていえば相手に対する優しさと鄭重さにある」。そして、「薩摩人が古来、勇気とともに重要な徳目としてきたこと」は「寛容と優しさ」である。

司馬遼太郎は自著『街道をゆく』の中でそのように記している。

士族や武士の文化というと、荒っぽい、乱暴なイメージがあるが、それはあくまでも一面だ。むろん、武士を育成するための郷中教育が行われていた時代は、はるか昔だが、今も鹿児島の学校には、「ウソをつかない、負けない、弱い者をいじめない」といった、郷中教育に掲げられていた戒めを校訓に掲げるようなところも多い。そういう風土があるということだろう。

商人の町として栄えた大阪のように口八丁でもなければ、坂本龍馬を輩出した土佐（高知）のように軽やかでもない。しかし、義理人情に厚い優しいぼっけもんが多いのだ。

冒頭P14で、作家・向田邦子さんのエッセイの「変わらないものは桜島だけであった」と引用した。実はこのくだりには先がある。その後、向田さんは、同級生、先生たちとの出会いを経て、最後に再びこう記す。「無いものねだりの鹿児島感傷旅行の中で、結局、変らないものは、人。そして生きて火を吐く桜島であった」。まさに同感である。

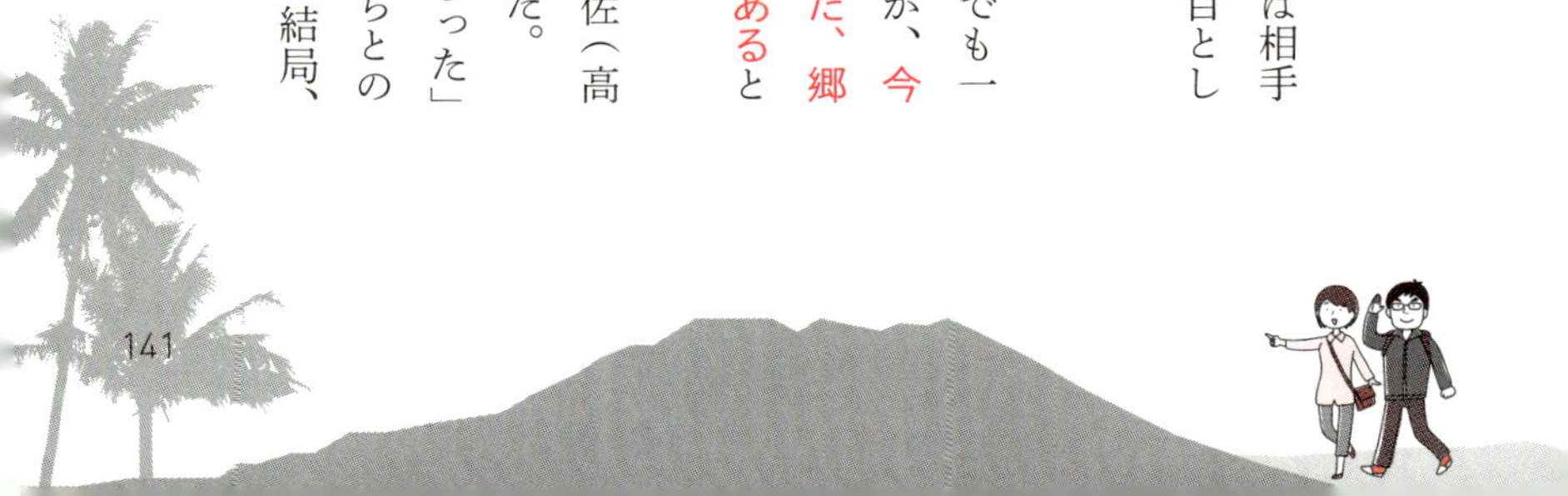

「茶わんむしのうた」をマスターする

▼よく地元の人だけが知っているCMソングとかご当地ソングってあるよね。知っとくと、地元民と会話が盛り上がるとかさ。鹿児島はないの？

▼今回、初めて知ったんだけど、「茶わんむしのうた」っていうのがあるの。私が小さいころはなかった気がするんだけど、小中学校の音楽の教科書にも採用されて、県民の大半が歌えるみたい。

▼へー、みんなが歌えるなら、こりゃユーチューブでチェックな。

▼ご当地CMでは、この間、ほっこりするヤツ、テレビで見たなあ。バリバリ鹿児島イントネーションで「将来、何になりたいの？」と聞かれて、女子学生が「こーむいーん」って答えるヤツ。

▼うーん、いろいろ地方CMっぽい……。

▼あとは元旦の企業CMは桜島と初日の出。これも正月の風物詩みたいね。

西郷どんの独り言　「茶わんむしのうた」は姶良の石黒ヒデさんいう先生が学芸会の劇中歌として作ったもんじゃ。久保けんおさんいう人がNHKのラジオで紹介し、広まった。こっけいな歌詞が楽しか！

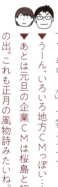

住み活×たび活 51

賃貸 OR 一軒家。鹿児島の家事情を知る

▼住むなら家をどうするか。東京では賃貸だったけど、地方でマンションが安いなら買ったほうがいいかもな。

▼いっそ一軒家を買うって手もあるよね。東京よりハードル低いでしょ。

▼でもさ、マンションだったら玄関とか廊下とか共用部分は委託された清掃業者の人が掃除してくれるじゃん。鹿児島の場合、灰の掃除が大変だから、オレはマンション推しだな。

▼実は鹿児島は賃貸の家賃相場が意外に高いんだ。平地が少ないのも関係してるみたい。でも、さっきの桜島の話に戻ると、鹿児島市は東向き、つまり桜島が見える部屋のほうが賃料、高いらしいよ。

▼富士山が見えるのが売りっていうのと同じじゃか。灰が降っても、やっぱり鹿児島人、どんだけ桜島好きなんだ!!

西郷どんの独り言　かごっまの賃貸住宅の家賃は1ヵ月1坪あたりで4594円と、全国で8位（15年）。意外にたけ（高い）ど!　じゃっどん持ち家率は約65%。約3人に2人が家を持っちょっど。

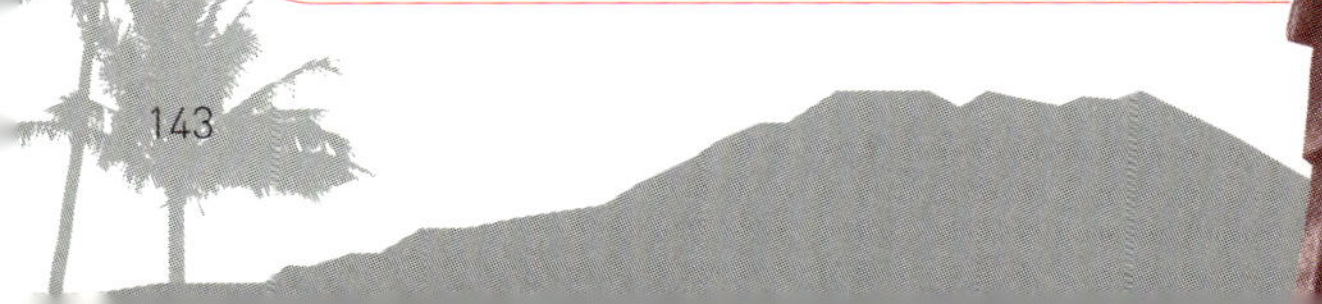

"薩摩時間"を理解する

▼前にさ、スマホの充電器を忘れて鹿児島の携帯ショップに買いに行ったじゃん。

▼あー、外で待ってたら、ぜんぜん戻ってこなかった時ね。すごい待たされたんでしょ。

▼飲食店とかホテルに行っても、対応がのんびりしていない？

▼個人差もあるだろうけど、薩摩時間っていう言葉もあるみたいね。沖縄でも"沖縄タイム"って言って、飲み会の約束の時間に家を出るぐらいがちょうどいいなんて聞いたな。

▼大阪だと"いらち（せっかち）"が多くて、歩くのがめちゃ早い。商人の街だと"時は金なり"ってことか。

▼そっ、郷に入れば郷に従うべし。

▼レイコはもっと書くスピード上げたほうがいいと思うけど……。

西郷どんの独り言　江戸はセカラシ（忙しい）ど。オイも京都やらヨソン地から、故郷に帰ってきて、のんびり家族とウマいもんをたもう（食べ）たり、狩りや釣りをしたりすっとが楽しみじゃった。

データ編

鹿児島に住んでみたくなったら？

豊かな自然、そして個性ある歴史・文化と豊富な食材。
温かい人情に囲まれた鹿児島県に住んでみたい！
P.130 の移住支援制度でも紹介したように
鹿児島は移住者の受け入れに積極的。
住居の探し方や就職支援、
気になる医療情報など紹介していく。

「43 市町村移住・定住サポート策一覧付き」

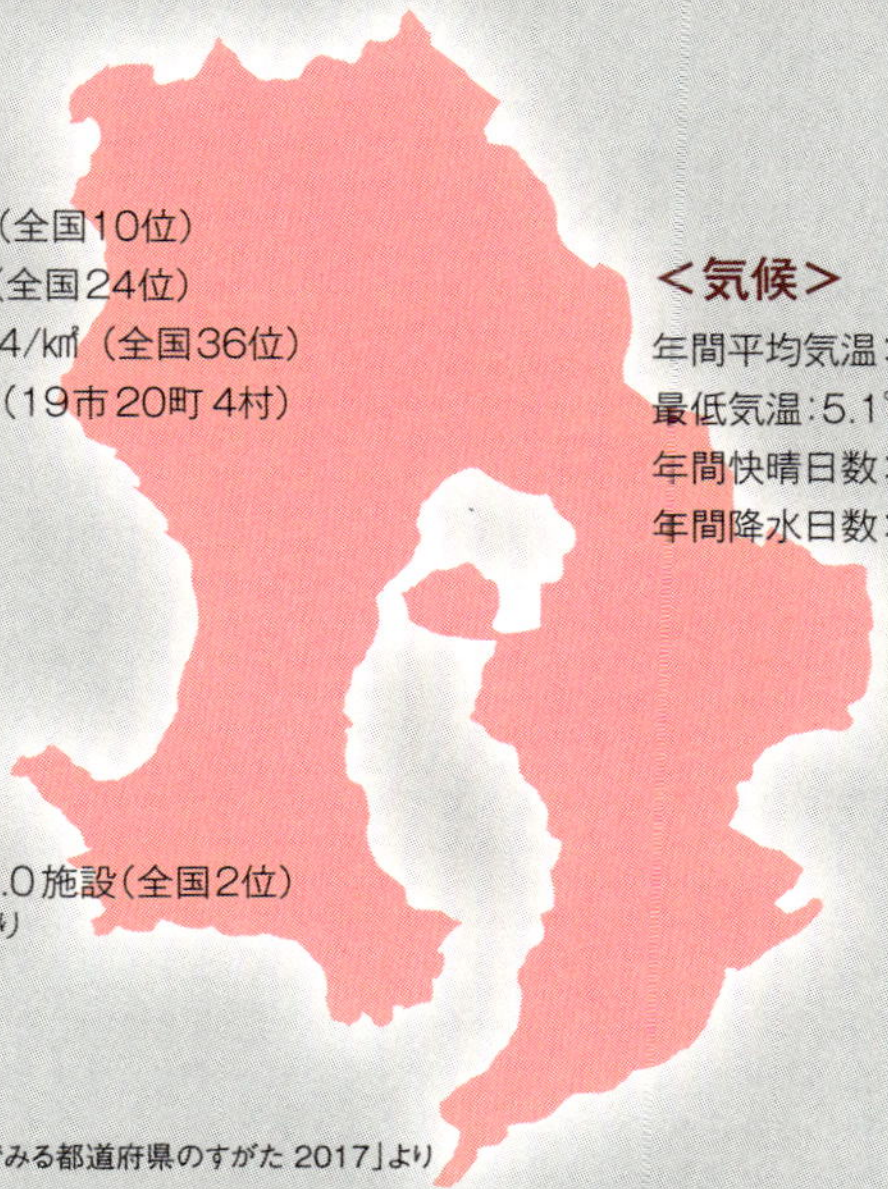

<広さ>

面積:9187㎢（全国10位）
人口:165万人（全国24位）
人口密度:179.4/㎢（全国36位）
市町村の数:43（19市20町4村）

<気候>

年間平均気温:18.8℃（全国2位）
最低気温:5.1℃（全国46位）
年間快晴日数:25日（全国23位）
年間降水日数:143日（全国9位）

<生活>

一般病院数:13.0施設（全国2位）
※人口10万人あたり

資料:総務省「統計でみる都道府県のすがた 2017」より
『かごしま移住・交流ガイドブック』、自治体HP、鹿児島県提供データなどを元に作成。
子育て支援策については割愛しました。

鹿児島に住みたい!

移住しようと決めたら必要なのが、住む場所。
住居を探すための情報収集の方法をご紹介。

- かごしま「よかとこ」暮らし支援センター　TEL.080-7731-7915（担当者直通）
  （東京都千代田区・有楽町駅前東京交通会館8階）
  https://www.furusatokaiki.net/consultation/kagoshima/
- 鹿児島県企画部地域政策課　TEL.099-286-2424

- 県営住宅に関する相談窓口　鹿児島県土木部建築課住宅政策室（住宅管理係）
- 住宅に関する相談窓口　鹿児島県住宅供給公社企画分譲課

空き家を探すなら

- 民間の賃貸住宅
  （公社）鹿児島県宅地建物取引業協会　http://www.k-takken.com
  （公社）全日本不動産協会鹿児島県本部　http://kagoshima.zennichi.or.jp

市町村が独自に持っている情報から探すなら「空き家バンク」を活用!

空き家バンクとは?

空き家の利用を希望する人に、空き家の売却や賃貸を考えている所有者を市町村が紹介するシステム。基本的に、交渉・契約は当事者間で行なう。市町村窓口、空き家バンク制度に登録している不動産仲介業者によるサポートが受けられる市町村も。

▶ 鹿児島県内で「空き家バンク」を運営している自治体

鹿屋市、枕崎市、出水市、西之表市、垂水市、薩摩川内市、日置市、曽於市、霧島市、いちき串木野市、南さつま市、志布志市、奄美市、南九州市、伊佐市、姶良市、さつま町、長島町、大崎町、東串良町、錦江町、南大隅町、肝付町、中種子町、南種子町、瀬戸内町、龍郷町、天城町、伊仙町、和泊町、知名町、与論町（32市町）　※2017年10月現在

市町村独自のこんなサポートも!

例えば……

- 鹿児島市
  空き家活用のためのリフォーム補助、定期借地権設定による市有地貸付事業など
- 阿久根市・出水市・指宿市・霧島市など…住宅新築・購入、増改築に際しての補助制度
- 西之表市…定住促進住宅、地域活性化住宅、短期滞在型住宅の提供
- 伊佐市、鹿屋市など…移住体験住宅
- 十島村…低家賃の村営住宅や無利子の住宅貸付資金制度
- 薩摩川内市、曽於市、知名町、和泊町なども住宅支援制度あり、家賃補助やお試し滞在費用の助成を行なう自治体も。
  （上記サポート受ける際の条件詳細は各自治体で確認を）。

医療情報を知りたい！

人口当たりの一般病院数も多く、介護老人福祉施設数は
人口1万人あたり(要介護3以上)6位、と医療環境に恵まれている鹿児島。
セカンドライフを安心して過ごすためにも要チェック！

▶ かごしま医療情報ネット　http://iryo-info.pref.kagoshima.jp/

県内の医療機関（病院・一般診療所・歯科診療所・助産所）や薬局の情報を検索できる。休日当番医の情報を検索できる県医師会のHPや鹿児島県の医療に関するページにもリンクしている。

ドクターヘリ

鹿児島県は離島面積日本一。救急医療体制を整備すべく、ドクターヘリを運航している。

搬送先医療機関：34医療機関／離着陸場所：県内880ヵ所

出動回数：1144回（平成29年度）

・ドクターヘリは毎日運航。運航時間は午前8時30分から日没前まで。

・出動要請は一般県民は行えない。まず119番に。
通報を受けた消防機関が患者の重症度などを判断して要請する。

・搬送自体の費用はかからないが、救急現場やドクターヘリ内での
医療行為に対する医療費はかかる。

救命救急センター

重症および複数の診療科領域にわたる重篤な救急患者を24時間体制で受け入れる
「救命救急センター」が3か所ある。

▶ 鹿児島市立病院救命救急センター　TEL.099-230-7000（代表）
鹿児島市上荒田町37-1

▶ 鹿児島大学病院救命救急センター　TEL.099-275-5620
鹿児島市桜ヶ丘8-35-1

▶ 鹿児島県立大島病院救命救急センター　TEL.0997-52-3611（代表）
奄美市名瀬真名津町18-1

市町村独自のこんなサポートも！

子供向けの医療費無料などの助成制度を行なう自治体が多いが、大人やシニア向けのサポートを実施するところも。

例えば……

▶ 指宿市
医療ではないが、市内に住む65歳以上の人、身体障害者手帳を持つ人に年24回まで無料で砂むし温泉に入浴できる「砂むし温泉利用カード」を交付。はり、きゅう、マッサージなどの施術に対する助成

▶ 薩摩川内市
高齢者向け（市内に1年以上住む65歳以上）はり、きゅう、マッサージなどの施術料助成

その他、出産・育児に関する助成制度を実施している自治体も数多い。
（上記サポート受ける際の条件詳細は各自治体で確認を）。

鹿児島で働きたい！

鹿児島県へのUIターン就職を支援。

鹿児島に行く前に就職先を探したい人は、鹿児島県庁雇用労政課内にある「鹿児島ふるさと人材相談室」(県運営の無料職業相談所)に相談を。

- 鹿児島県ふるさと人材相談室　フリーダイヤル 0120-445-106
  〒890-8577 鹿児島県鴨池新町10番1号(鹿児島県庁雇用労政課10階)
  その他、東京・大阪にも相談窓口がある。
- 東京事務所　TEL.03-5212-9062
  〒102-0093東京都千代田区平河町2-6-3(都道府県会館12階)
- 大阪事務所　TEL.06-6341-5618
  〒530-0001大阪市北区梅田1-3-1-900(大阪駅前第一ビル9階11号)

鹿児島で起業したい！

県内で新規に事業を始める人を支援する「創業支援資金」をチェック

- 鹿児島県庁商工労働水産部経営金融課金融係 099-286-2946

相談・申込先

- 鹿児島県内の各商工会議所 https://www5.cin.or.jp/ccilist/prefecture/46
- 鹿児島県商工会連合会 http://www.kashoren.or.jp

移住後に就職先を探すなら

鹿児島県内に引っ越した後、就職活動を行なう場合は、ハローワークの利用がオススメ。

問い合わせは各地のハローワークへ。

市町村独自のこんなサポートも！

例えば……就業関連

- 霧島市…登録制の独自の人材バンクで、地元企業を紹介(霧島ゆうあい人材バンク)
- さつま町…転入者就労支援奨励金として、当該条件を満たせば町内企業勤務者に20万円を支給。

起業関連

- 鹿児島市
  「クリエイティブ人材誘致事業」として、クリエイターのお試し移住イベントの開催や事業所改修費等補助などでサポート。
- 鹿屋市…インキュベーター室を提供。
- さつま町…新たに商工業開業者にする人に月額5万円を1年間支給
- 霧島市…空き店舗を貸したい人と、借りたい人のマッチング制度(空き店舗等ストックバック)

(上記サポート受ける際の条件詳細は各自治体で確認を)。

前職のキャリアを活かして、専門性の高い仕事に就きたい！

さまざまなキャリアを持つ人材へのニーズが高い鹿児島。

企業の成長戦略実現のために、プロ人材と企業のマッチングにも、県が積極的に取り組んでいる。

窓口

鹿児島県プロフェッショナル人材戦略拠点

- （公財）かごしま産業支援センター
  鹿児島市名山町9番1号　TEL.099-219-9277

登録人材紹介事業者による求人紹介までの流れ

・問い合わせる
鹿児島県プロフェッショナル人材戦略拠点へ
「プロフェッショナル求人」について問い合わせる

▼

・登録する
登録人材紹介事業者に求職登録を行なう

▼

・求人紹介を受ける
希望・条件などにマッチしたプロフェッショナル人材の求人情報が提供される

登録人材紹介事業者一覧

- （株）アソウ・ヒューマニーセンター鹿児島支店
- （株）Sawa（鹿児島）
- Man to Man（株） 鹿児島オフィス
- マンパワーグループ（株）鹿児島支店
- ランスタッド（株） 鹿児島オフィス
- （株）パソナ（鹿児島）
- （株）リクルートキャリア（福岡）
- 九州スタッフ（株）（福岡）
- アクティベイト（株）（東京）
- パーソルキャリア（株）（東京）

農業・畜産業に従事したい！

鹿児島県では、毎年約300人が新規に就農しており、
農家出身でない新規参入者も3割程度いる。
農業に携わってみたい人への技術研修、準備資金から
初期の経営資金の交付など、就農者の受け入れも整備されている。
新規に取り組む経営品目では野菜が最も多く、肉用牛、果樹が続く。

就農相談所で気軽に相談もOK

鹿児島県で新たに農業を始めたい、就農支援策について知りたい、県内の農業法人で働いてみたいという人は、下記、就農相談所へ。就農アドバイザーが、受け入れ市町村や農業法人と連絡調整などを行なっている。

まずはここをチェック!

- 鹿児島県新規就農相談所 http://www.ka-nosinkyo.net/

- (公社)鹿児島県農業・農村振興協会　TEL.099(213)7223
- 鹿児島県庁農政部経営技術課　TEL.099(286)3160
- 鹿児島県農業会議　TEL.099(286)5815
- 東京相談所　TEL.03(5212)9062
- 大阪相談所　TEL.06(6341)5618

技術研修も受けられる

▶ 鹿児島県立農業大学校 日置市吹上町和田1800　TEL.099-245-1071

コースの種類

● 夜間塾…仕事を持ったままでも、農業の基礎知識を学ぶことができる

● 農業体験コース…夜間塾などの修了者や、新規就農を志し、農作業体験を希望する人が、農作業を体験できる

● 就農準備コース…農業の基礎的な知識を学び、技術を習得できる

● 実践コース…就農地,経営作目が決定した認定新規就農者が個別研修計画に基づき、講義聴講・実習などを受けられる

● 就農・就業チャレンジ研修…新規就農や農業法人などへの就職を希望する人を対象に、農業の基礎知識と技術を習得する研修を実施

新規就農者への支援

農業次世代人材投資資金

就農前の研修段階および就農直後の経営確立に資する資金の支援を受けることができる。(具体的な交付要件などは、県または市町村に問い合わせを)

1. **準備型資金**…就農に向けて、県立農業大学校、市町村農業公社などで研修を受ける就農予定者に、最長2年間、年間150万円以内を交付。

2. **経営開始型資金**…就農後、最長5年間、年間最大150万円を交付。

市町村独自のこんなサポートも！

多くの自治体で、就農初期の経営安定をはかるための補助金制度や研修制度などを設けている。

例えば……

▶ 日置市
年齢50歳以下で市内に住所がある場合などの条件を満たせば、2年間研修手当として単身者月額12万円(夫婦月額18万円)、その他住居手当も

▶ 天城町…新規就農者対象に農業センターでの育成研修

▶ 阿久根市
45歳以上55歳未満の新規就農者に対し、年間100万円、最高2年間の給付制度あり

▶ 徳之島町…新規就農者に年間150万円を最長5年間給付

漁業、林業についても各自治体、さまざまな支援制度を用意している。
P.154～157の一覧表をチェックしよう。
(上記サポート受ける際の条件詳細は各自治体で確認を)。

漁業に従事したい！

漁師を目指すには、研修や講習会で漁業体験をして、漁業研修生としてスタートするか、一般の就職と同様に漁師の求人情報に応募して、現場のキャリアを積んでいく方法がある。

相談窓口

鹿児島県では、関係機関と一体となって、就業相談や就業に必要な技術研修などの実施、新規就業にかかる資金の貸付などの支援を行なっている。

▶ 鹿児島県漁業就業者確保育成センター
http://www.ryoushi.jp//area/regional/46/

▶ 鹿児島県漁業協同組合連合会　漁業担い手確保・育成推進室
TEL.099-813-0026
http://kagoshima-ryoushi.jp

技術研修（かごしま漁業学校入門研修）

漁業就業に関心をもつ人を対象に、各種漁業の概要、就業に必要な知識等を題材とした講習の受講、各種漁業の体験ができる研修会を開催している。

▶ 鹿児島県庁商工労働水産部水産振興課 水産企画普及係
TEL.099-286-3437

林業に従事したい！

相談窓口

鹿児島県内で林業へ就業希望する人に対し、技能習得等の支援などを行なっている。

▶（公財）鹿児島県林業担い手育成基金　http://kriingyoc.server-shared.com/
（鹿児島県林業労働力確保支援センター）　TEL.0995-54-3131

技術研修（鹿児島きこり塾）

林業への就業を希望する人を対象に、林業技術研修を実施するとともに、実践研修や就業ガイダンスを行ない、林業への新規就業を支援。

▶ 鹿児島県環境林務部森林経営課 担い手育成係　TEL.099-286-3357

福祉の仕事をしたい！

福祉人材無料職業紹介所

鹿児島県内で、福祉・介護分野の仕事を考えている人を対象に、就職相談、職業紹介、就職ガイダンスや就職面談会の開催、就職支援講座などを開催している。

▶ 鹿児島県社会福祉協議会　福祉人材・研修センター　TEL.099-258-7888
http://www.kaken-shakyo.jp

介護福祉士修学資金などの貸付制度

介護福祉士の資格取得や介護事業所等への再就職の準備のために必要な資金貸付を実施。

▶ 鹿児島県社会福祉協議会 民生部　TEL.099-214-3701
http://www.kaken-shakyo.jp/minsei/30kashituke.html

○介護福祉士修学資金

県内の介護福祉士養成施設などで修学するために必要な修学金や入学・就職準備金等の貸付

○介護福祉士実務者研修受講資金

介護福祉士の実務者養成施設で修学し、介護福祉士の資格取得を目指す人に受講資金の貸付

○介護人材再就職準備金

介護職を離職後に介護事業所等に再就職するための準備費用を貸付

※いずれの資金も返還を免除される場合がある。

移住支援内容早見表

＊子育て・出産支援に関する制度は割愛しております。
また、各助成を受ける際の条件の詳細は、各自治体にお問い合わせください。

住宅関係支援							医療・福祉支援	その他支援
空き家バンク	宅地貸付・分譲	宅地取得補助	住宅取得・改修補助	浄化槽設置補助	定住促進住宅等賃貸	その他、注目の支援策		
	○		○	○	○		○	「生涯活躍のまち」形成支援事業
○	○		○	○		空き家家財道具処分	○	移住活動サポート
○	○	○	○	○	○	移住体験住宅	○	新婚家賃等補助
					○	定住助成金		転入費用一部助成
		○	○	○	○	定住助成金		転入費用一部助成等
○				○		移住体験住宅	○	
	○		○	○		生ごみ処理機 購入補助	○	旅費補助金 定住準備金
○			○	○			○	給食費の無償等
○	○		○	○		働く若者定住支援 空き家家財道具処分	○	
		○	○	○		父母等同居補助	○	
○			○	○		通勤補助等	○	
○	○		○	○		新幹線通勤補助等 奨学金返還支援制度	○	高齢者はり・きゅう、 マッサージ等 せ施術料補助
○	○	○	○	○	○	若者定住促進 家賃補助	○	
○			○	○		定住促進空き家活用		奨学金補助
○	○		○					移住体験研修
○			○	○		移住体験住宅あり		農家民泊・体験
○		○	○	○	○		○	中山間地区への 移住・定住補助金
	○		○	○		空き家リフォーム支援		

鹿児島県内市町村

2018年4月1日現在（一部2017年10月現在）

	お問い合わせ先		就業支援			
エリア	市町村名	担当課名	就業支援	就農・就漁支援	起業支援	その他、注目の支援策
鹿児島	鹿児島市	移住推進室	○	○	○	クリエイター お試し移住 事業所改修費等補助
	日置市	地域づくり課		○	○	新規創業者 スタートアップ支援
	いちき串木野市	政策課		○	○	空き店舗を活用した 開業支援
	三島村	定住促進課		○	○	
	十島村	地域振興課	○	○		装備・施設整備補助
南薩	枕崎市	企画調整課	○	○		水産加工業就業支援
	指宿市	市長公室	○	○	○	店舗等リフォーム補助
	南さつま市	企画政策課		○		農業後継者自立支援
	南九州市	ふるさと振興室		○	○	仏壇産業就業支援、 お試し移住
北薩	阿久根市	企画調整課		○		壮年世代就農給付金
	出水市	シティセールス課		○	○	中小企業融資制度
	薩摩川内市	企画政策課	○	○	○	UIJターン者家賃補助
	さつま町	ふるさと振興課	○	○	○	転入者就労支援 奨励金
	長島町	地方創生課		○		青年就農給付金
姶良・伊佐	霧島市	地域政策課	○	○	○	空き店舗等 ストックバンク制度
	伊佐市	企画政策課		○	○	起業チャレンジ支援事業
	姶良市	地域政策課		○	○	空き店舗活用事業 補助金
	湧水町	企画課		○		新規就農・後継者支援

＊子育て・出産支援に関する制度は割愛しております。
また、各助成を受ける際の条件の詳細は、各自治体にお問い合わせください。

住宅関係支援							医療・福祉支援	その他支援
空き家バンク	宅地貸付・分譲	宅地取得補助	住宅取得・改修補助	浄化槽設置補助	定住促進住宅等賃貸	その他、注目の支援策		
○	○		○	○		居住体験住宅あり		定住相談員サポート等
○			○	○	○		○	結婚新生活支援補助
○	○		○	○	○	市有地活用定住補助		敬老祝金支給
○	○	○	○	○	○	田舎暮らし体験施設		お試し移住ツアー
○			○	○	○	賃貸住宅家賃補助	○	移住促進事業補助
○	○		○	○		移住体験施設	○	定住促進事業補助
○			○	○	○	固定資産税減免制度 移住お試し住宅	○	福祉タクシー利用助成 移住体験ツアー
○			○	○	○	移住体験住宅	○	奨学金制度
○			○	○		住宅用燃料電池 設置費補助	○	
○			○	○	○	民間賃貸住宅 家賃補助		敬老祝金支給
○			○	○	○			
○				○				結婚祝金支給
	○			○	○	島内産材使用住宅補助	○	暮らし体験住宅
○			○	○	○			敬老祝金支給等
			○		○	新築住宅助成等		
			○	○		村営住宅料助成金		
○			○	○	○	移住体験住宅貸出		
○				○			○	高齢者福祉バス 無料乗車証交付
				○				
			○	○	○	公共下水道 接続工事費補助	○	高齢者給食サービス
○				○			○	家族介護医療金
○				○	○	お試し居住	○	敬老祝金支給等
○			○	○	○	宅地促進住宅用地 貸付・譲渡		
○					○			移住体験プログラム
○					○			ふるさと留学制度

2018年4月1日現在（一部2017年10月現在）

	お問い合わせ先		就業支援			
エリア	市町村名	担当課名	就業支援	就農・就漁支援	起業支援	その他、注目の支援策
大隅	鹿屋市	市長公室 地域活力推進課	○	○	○	畜産担い手支援
	垂水市	企画政策課		○	○	事業所設置・雇用補助
	曽於市	企画課	○	○	○	商工業就業支援
	志布志市	企画政策課		○	○	
	大崎町	企画調整課	○	○	○	
	東串良町	企画課	○	○		新規就農者 農業生産対策補助
	錦江町	未来づくり課		○	○	錦江町がんばる ビジネス応援補助金
	南大隅町	企画課	○	○	○	新規就業者生活費助成 ブロンズ支援センター
	肝付町	企画調整課		○		
熊毛	西之表市	地域支援課		○	○	企業活動支援・ 空き店舗活用支援
	中種子町	企画課	○	○		新規就農者に年間 150万円を最長5年給付
	南種子町	企画課		○		
	屋久島町	企画調整課		○	○	
大島	奄美市	プロジェクト 推進課		○	○	新規漁業事業者 奨励金など
	大和村	企画観光課				
	宇検村	総務企画課				
	瀬戸内町	企画課		○	○	営農支援センター 研修制度
	龍郷町	企画観光課				荒波校区活性化 家賃補助
	喜界町	企画観光課		○	○	
	徳之島町	企画課	○	○		新規就農者に年間 150万円を最長5年給付
	天城町	企画課	○	○	○	新規就農者に年間 150万円を最長5年給付
	伊仙町	未来創生課	○	○		
	和泊町	企画課				
	知名町	企画振興課				
	与論町	総務企画課				

あとがき

「こげん良かもんが、あったとは、いっちゃん知らんじゃった」。

最初から最後までエセにわか鹿児島弁で申し訳ありません。

これが20数年ぶりに〝故郷もどき〟鹿児島を訪れた率直な感想でした。

私、鹿児島・枕崎に生まれ、鹿児島で高校は卒業したものの、その間、宮崎や東京など転勤が多く、しかも親戚縁者がいなくなってからは帰るきっかけもなく。

まさに浦島太郎状態での手探りの探訪でしたが、そんな根無し草にも、鹿児島という地はあたたかく、そして力強いポテンシャルを感じさせてくれました。

山あり、海あり、滝あり、温泉あり。そして酒も素材も逸品。グルメもよし。

関東の埼玉の外れに生まれた（くせに）我が相方は、勝手に「鹿児島＝ド田舎」と思っていたようですが、ようやく考えを改めたようです。

鹿児島は西郷さんだけではありません。まだまだ知られざる全国トップクラスの逸品を、もっと全国のみなさんに知ってほしい！

そして、人もいい。

鹿児島特有の方言のイントネーションも、なんだか耳に優しく、酒場でも耳に入ってくる独特の抑揚、リズムに身を任せ、ゆるりと呑む焼酎はよかよか、でした。

そして県外からの移住者、あるいはUターンしてきた若い人々による町おこしが盛んに行われているのも新鮮な発見でした。

PRが苦手、商売下手などと自嘲気味に言う地元の方も多くいらっしゃいましたが、それゆえの真摯な姿勢も保ちつつ、〝かごしまブランド〟がじわりじわりと全国に浸透しつつあるのではないか。そんな新しい流れも感じました。

20数年ぶりにも関わらず、そしてあまり名前さえ覚えていないであろう転校生だった私に温かく接してくださった鶴丸高校同期、そして桜丘中学校同期のみなさん始め、協力してくださった数多くの地元の方、鹿児島に縁ある人々に感謝申し上げます。

シリーズ第一弾・鹿児島を皮切りに、これからも全国津々浦々、隠された魅力を、マイペース夫婦、のんびりご紹介して参ります。

最後まで読んでくださって「あいがとさげもした（ありがとうございました）！」。

著者紹介
たび活×住み活研究家　**大沢玲子**

2006年から各地の生活慣習、地域性、県民性などのリサーチをスタート。ご当地に縁のある人々へのインタビュー、アンケート調査などを通じ、歴史・衣食住・街など、幅広い角度からその地らしさに迫り、執筆を続けている。『東京ルール』を皮切りに、大阪、信州、広島、信州など、各地の特性をまとめた『ルール』シリーズ本は計17冊、累計32万部超を達成。
本人は鹿児島出身の転勤族として育ち、現在は東京在住。根無し草的なアウェーの立場を活かし、今回の新シリーズでは“移住”を絡めた新しい地方の楽しみ方を紹介していく。

読むと行きたくなる。行くと住みたくなる――
「たび活×住み活」in 鹿児島
43市町村移住・定住サポート策一覧付き

2019年1月7日　第1刷発行

著者　大沢玲子

漫画　斎藤ロジョコ
編集　株式会社その　友野その子
装丁・本文デザイン　有限会社 ZAPP!　白金正之

発行者　五島　洋
発行所　ファーストステップ出版
〒151-0064　東京都渋谷区上原1-34-7　和田ビル2F
有限会社ファーストステップ
TEL 03-6906-8431

印刷・製本　中央精版印刷株式会社
ISBN978-4-909847-00-3 C2026